AF486957

Dios, Yo
y dos tazas de chocolate

DIOS, YO Y DOS TAZAS DE CHOCOLATE

SHERWIN J. GUERRERO & JOHN FELICIANO

johnfelicianoc@gmail.com

Editor: **Diez Veces Mas Group**

diezvecesmas@gmail.com

Diseño de Portadas y Diagramación: **Anamaria Torelli**

Corrección de Estilo: Diez Veces Mas Group

diezvecesmas@gmail.com

Primera Edición

Octubre 2019

ISBN 978-9945-09-155-7

Todas las porciones de las escrituras corresponden a la traducción Reina Valera 1960, al menos que se indique lo contrario.

Dedicatoria

Este libro está dedicado a nuestros padres, los pastores:

José y Nancy Guerrero
&
Josué y Jhovanny Feliciano

Cuyas enseñanzas y ejemplo han moldeado nuestra propia historia con Dios

Contenido

Prólogo

¿Alguna vez te has imaginado tomando una taza de chocolate con Jesús? Es difícil pensarlo, porque la imagen que nos predican del Maestro es tan formal, que lo asimilamos fácilmente como Guia pero no como Amigo. Pero si leyéramos la Biblia detenidamente, nos daríamos cuenta de su lado social. Empezó el ministerio público con sus apóstoles en una boda, lo terminó en una cena. Dos actividades que por costumbre la gente celebra y ríe. Después de la resurrección, se le apareció a algunos de sus discípulos en la playa y le cocinó pescado a las brazas. Los niños se le acercaban; y todo el que trabaja con infantes sabe, que ellos no buscan estar cerca de antipáticos. Sabiendo esto, pudiéramos imaginarnos a un Dios hecho hombre que no sólo nos confronta cuando debe hacerlo, también aquel que entra a la cocina, nos prepara algo caliente y se sienta en la mesa a pasar un rato agradable.

Sí, yo ya puedo imaginármelo así.

En mis momentos de oración no siempre son de rodillas, a veces me siento en el sofá o cuando conduzco mi automóvil, digo: *"Señor, quiero hablarte"*. He podido estar en la playa, debajo de una buena sombra, con mi Biblia en mano, expresando: *"Padre, quiero que me hables"*. Y ahí, también me ha hablado. Limitar a Dios a las cuatro paredes de un templo, es como tener un buen teléfono inteligente sólo para hacer llamadas. ¡Te estarás perdiendo de mucho!

En este libro, mis amigos John y Sherwin nos muestran el lado paternal de Dios. El Abba como diría en arameo, papito como sería su traducción al español, que puede en un capítulo corregirte y en otro acariciarte. Esa parte de Dios proyectada en estas letras, la entiendo ahora que soy padre. En algunos momentos me enojo con mi pequeña Valen cuando hace algo incorrecto, con tono firme la regaño y como toda bebé que antes de aprender a hablar aprende a manipular, llora, mirándome como el gato con botas, entonces, me siento culpable, y como no puedo echar atrás mi corrección porque lo hago por su bien, la abrazo y le digo (aunque no me entiende): *"algún día lo agradecerás"*.

Dios, como padre, frecuentemente nos dice lo mismo y nosotros como hijos, deberíamos encontrar consuelo en sus brazos, que lo que hoy nos hace llorar, mañana nos hará reír. Que donde las circunstancias pusieron una lágrima, Dios pondrá una sonrisa y que aunque no lo entendamos ahora, algún día lo agradeceremos. Mientras tanto, en estas letras hayamos refugio, un espacio donde los autores se identifican con nuestras crisis, dudas, tristezas y regocijo. Donde a través de las Escrituras, nos muestran el consejo de Dios, como si Él estuviera compartiendo con nosotros, dos tazas de chocolate.

Riqui Gell

Predicador, Psicólogo y Escritor de exitosos libros como El Dios de los procesos y Débiles en manos de un Dios fuerte.

Introducción

El agricultor se encuentra de pie frente a su campo. Su vista experimentada recorre los montículos de tierra que sostienen su semilla. Ya no se escucha el sonido del arado, rompiendo la seca y árida superficie del terreno; tampoco el golpeteo de la semilla al impactar la tierra. Los pájaros que esperan tras la yunta de bueyes han volado lejos. Sólo queda el agricultor, su sombra en algún lado, y miles de promesas plantadas en su corazón.

Por eso él aguarda en silencio. No grita, ni siquiera alza su voz. Sólo eleva una oración. Sus ojos se despegan del suelo, y se dirigen hacia las nubes distantes. Él espera la lluvia encerrada en esos grises nubarrones. Él espera que moje su sembrado.

Él espera… Lo ha hecho durante mucho tiempo, y no se moverá hasta que el cielo le otorgue un sí, por respuesta. De pronto las nubes ociosas empiezan a congregarse por encima del campo vacío. El hombre alza la vista mientras un cielo que hasta ahora se encontraba cerrado comienza a abrirse. Y las primeras gotas caen sobre el rostro curtido del sembrador.

El libro que hoy sostienes fue escrito pensado en ti, y en las promesas que también llevas en tu interior. Seas agricultor o no, sigues esperando algo especial proveniente del cielo. Algunas veces recibes lo esperado, en otras, tus expectativas no son satisfechas.

Conocemos esa temporada de la vida, porque hemos estado ahí. Sabemos que estás muy ocupado, por eso quisimos ser breves. Cada reflexión aquí plasmada, está diseñada para que la utilices como un devocional íntimo, o en clases de grupos pequeños. Tómalas como una taza de chocolate caliente, mientras esperas la consumación de un sueño, o el cumplimiento de alguna promesa. Dios tiene deseos de hablarte, así que presta atención.

Digiere cada palabra.
Bebe despacio.
Y empieza de nuevo a creer.

Los autores

Por tanto, nosotros también,
teniendo en derredor nuestro tan
grande nube de testigos,
despojémonos de todo peso y del
pecado que nos asedia,
y corramos con paciencia la carrera
que tenemos por delante.
Hebreos 12:1

*L*as cámaras estaban listas, aunque eran otros los que acaparaban los focos. Él no estaba entre los favoritos. Pero esto no le importaba. Aquel 8 de agosto de 1968 John Stephen Akhwari de Tanzania, tenía una sola misión en su cabeza: representar y enorgullecer a su país en el maratón de los Juegos Olímpicos de México.

El ¡bang! de la pistola dio inicio a la carrera. Los preferidos de la prensa coparon los primeros lugares. Más atrás, Akhwari les seguía el paso. Decidido, enfocado, constante. Poco menos de la mitad de los cuarenta y dos kilómetros, sucedió algo que no estaba en su guión. Mientras un grupo de maratonistas peleaban por una mejor posición, Akhwari cayó golpeando con fuerza el pavimento. El resultado fue una severa incisión en la pierna derecha y posterior dislocación de la rodilla.

Muchos hubiesen tirado la toalla. De hecho, de los setenta y cinco que empezaron, solo cincuenta y siete cruzaron la meta. Pero nuestro héroe no se daría por vencido. Lejos de rendirse, este vendó sus heridas y continuó. Akhwari fue el último hombre en completar los cuarenta y dos kilómetros. Cruzó la línea final cuando el ocaso cedía su lugar a la noche.

En el estadio sólo quedaba un puñado de personas. Puestos en pie, ovacionaron al maratonista como si se tratase del campeón. John Stephen Akhwari no ganó la carrera; la verdad es que no estuvo ni siquiera cerca del podio. Culminó una hora después que el ganador de la prueba.

No obstante, su llegada fue tan emocionante que se convirtió en leyenda. Muchos periodistas, maravillados, le preguntaron por qué no había desistido. La sencillez de su respuesta desvaneció cualquier especulación posible: «*Mi país no me hizo viajar ocho mil kilómetros para que empezara la carrera. Me hicieron viajar ocho mil kilómetros para que la terminara*».

¡Qué férrea determinación! Sus heridas no consiguieron quebrarlo. El dolor no pudo doblegarlo. Cuando sus fuerzas flaqueaban, él corrió con el corazón. Akhwari regresaría a su país natal con la frente en alto, sin nada de qué avergonzarse.

Como cristianos, nosotros también tenemos una carrera por delante. Allí es donde nos encontramos ahora. La pista se alarga hasta donde alcanza la vista. Los desafíos prueban los cimientos de nuestra fe. El desgaste corroe nuestra motivación. Las voces del interior nos susurran: «*Si abandonas ahora nadie te culpará*». Ese es el conflicto de todo seguidor de Cristo.

La nuestra no es una carrera de velocidad, sino un maratón que durará hasta el fin de nuestros días. Esta prueba requerirá todo de nosotros. A estas alturas hemos superado muchos obstáculos, pero henos aquí, a la mitad del maratón de la vida. Es ahora cuando el aguijón del dolor se profundiza con cada paso. La meta parece inalcanzable.

¿Estás considerando en darte por vencido? ¿Ves la comodidad de las gradas como una opción? No renuncies todavía. Dios, que conoce el camino, nos ha puesto en una posición de ventaja. Muchos héroes antiguos corrieron esta carrera al igual que nosotros. Están allá, en el pódium eterno, mirándonos de lejos. Ellos son «la nube de testigos» que menciona Hebreos.

Detente un momento y míralos como se regocijan. Ellos han vencido. Tienen el laurel dorado en sus cabezas. Sus vestiduras han sido mudadas por una de vencedores. Derrotaron la muerte y ahora aguardan por sus hermanos. Leer sus historias en las escrituras hace que una luz sea derramada sobre la nuestra.

Sí, nuestra victoria ha sido ganada. Sí, hay un galardón que tiene nuestro nombre tallado. Cuando sientas que tu último aliento está cerca, mantente firme. Jesús ha visto el resultado final, y te asegura que valdrá la pena.

Recuerda la historia de Akhwari. O mejor aún, agudiza tu oído. Escucha la voz que resuena a través de la pista. Viene cargada de promesas. *«Sé fiel hasta la muerte, y yo te daré la corona de la vida»*.

*Pero cuando venga el Espíritu de verdad,
él os guiará a toda la verdad; porque
no hablará por su propia cuenta,
sino que hablará todo lo que oyere,
y os hará saber las cosas que
habrán de venir.*
Juan 16:13

*T*enemos preguntas. Preguntas incómodas que atraen otras aún más difíciles; «¿Qué hacías tan tarde en el trabajo?». Preguntas de bolsillo que cargamos como equipajes invisibles; «¿Qué piensan ellos acerca de mí?». Preguntas sofisticadas que preparan el terreno para eternos debates de salón; «¿Hasta qué punto se interesa Dios por nosotros?».

Todos tenemos preguntas.

Detén a cualquier caminante, e invítale a un café. Si prestas atención, te dirá al menos cinco monstruosas interrogantes con las que tiene que lidiar cada mañana. Él no las controla. Tú y yo no las podemos controlar. Nuestros peores miedos nos esperan cada día junto al desayuno.

«¿Por qué mi padre tuvo que tomar precisamente ese vuelo?». «Mi esposa y yo creíamos que todo iba fenomenal, hasta que el cáncer tuvo la gentileza de hacernos una visita. ¿Por qué? De tantos hogares en la tierra… ¿Por qué a nosotros?»

«¿Por qué a mí?» Te preguntas.

Confesiones como estas son escuchadas diariamente en todos los consultorios del mundo. Algunas son tan desgarradoras que ni siquiera el psicólogo más experimentado se atrevería a ofrecer una explicación.

Reflexione un momento en todos los temibles *«¿por qué?»* que esperan su turno en el vasto escritorio del cielo. Si de algo tenemos plena seguridad es esto: la incertidumbre siempre ha minado el corazón humano. Nuestras vidas aprenden a funcionar en torno a ella. Las preocupaciones ceden el lugar a otras. Algunos lo llaman *«instinto básico»*. Pero es simplemente nuestra lógica humana buscándole el significado a todo. Los temores son reemplazados por otros más razonables, pero siguen siendo nuestros. Las dudas se incrementan a medidas que crecemos. Las interrogantes nos asaltan como esas olas que cubren los pilotes oxidados de un puerto. En nuestra necesidad de respuestas hemos emprendido un largo viaje. Desde la filosofía hasta la metafísica. Todas las religiones tienen su propia percepción sobre los sucesos que nos acontecen. Pero sus respuestas no nos satisfacen, así como un anuncio de bebida refrescante jamás podrá quitarnos la sed.

Vayamos a Jerusalén el día en que Jesús le mostró a sus discípulos el cronograma de su muerte y posterior partida al cielo. La noticia sembró tristeza entre aquellos hombres. Simplemente no podían aceptarlo. Se miraban unos a otros, revelando sin palabras aquello que les carcomía por dentro; *«¿Qué se supone que haremos cuando él ya no esté aquí?»* Las preguntas de los apóstoles se agolpaban como las aguas de una represa. Ellos contemplan detenidamente a su maestro. Él percibe lo que hay en sus corazones, y les susurra:

«Aún tengo muchas cosas que decirles, pero ahora no las podéis sobrellevar. Pero cuando venga el Espíritu de verdad, él os guiará a toda la verdad; porque no hablará por su propia cuenta, sino que hablará todo lo

que oyere, y os hará saber las cosas que habrán de venir».
Juan 16:12-13

En medio del manto de tristeza que envolvía a los discípulos, Jesús les insta a confiar en él. Lo mismo hace con nosotros. Oswald Chambers, en su famoso devocional En Pos De Lo Supremo, enseña: *«¿Le ha estado preguntando a Dios por qué hace lo que hace? Nunca se lo dirá. Él no cuenta qué va a hacer: Él te revela quién es Él».*

Jesús no respondió las preguntas de sus discípulos, al igual que no ha respondido las tuyas. Al menos, no todavía. En su divino señorío, Él se ha reservado algunas para contestarlas personalmente en el cielo. Pero nos dejó a alguien en su lugar. El consolador.

El Espíritu Santo es quien nos trae la seguridad de que el Padre está en completo control de nuestras vidas terrenales. Su gentil toque te traerá paz en medio del dolor.

Si el peso de tus preguntas te agobia, es porque no las has depositado en el buzón correcto. Tu destinatario en el cielo se llama *«Fiel y Verdadero»* y atenderá todas tus interrogantes a su debido tiempo.

*Solamente esfuérzate y sé muy valiente;
porque tú repartirás a este pueblo
por heredad la tierra de la cual juré
a sus padres que la daría a ellos.*
Josué 1:6

*E*ra un día tranquilo en la base rusa Novolazarevskaya. Un helado viento polar silbaba sobre las vastas superficies, abrigadas por un denso manto de nieve. Hacía poco más de seis meses desde que la Sexta Expedición Antártica soviética había comenzado. El médico Leonid Rogozov, junto a otros trece investigadores, eran el equipo encargado del estudio de la zona.

Aquella gélida mañana del sábado 29 de abril del año 1961, el doctor Leonid sintió que algo no andaba bien en su cuerpo. Un escalofrío sobrecogió sus miembros. Sus fuerzas menguaron. Arcadas frecuentes empezaron a sacudirlo, y por último, un punzante dolor se asió de su abdomen. El médico se administró un tratamiento, sin éxito. Y mientras el azulado ocaso nórdico se adueñaba del horizonte, su estado de salud empeoraba. Al otro día se auto diagnosticó una apendicitis aguda, la cual había derivado en peritonitis.

La estación soviética más próxima, Mirny, estaba situada a más de tres mil kilómetros de distancia. Las bases vecinas de otros países eran una opción, pero ninguna tenía un avión en el que pudiera ser evacuado. Además, el clima tampoco estaba de su lado, puesto que este impedía la llegada de cualquier ayuda exterior. Todo esto dejó a Rogozov sin más opción que operarse a sí mismo.

La intervención, que duró cerca de dos horas, comenzó a las diez de la noche. Asistido por un conductor de tractores y un meteorólogo, se vistió de cirujano y paciente al mismo tiempo.

Primero anestesió localmente la zona afectada. Auxiliado por un espejo que le sostenían sus improvisados asistentes, hizo una incisión de unos doce centímetros que le permitiría tener acceso al apéndice. El agotamiento y las náuseas constantes le obligaban a realizar breves pausas. Sus manos le temblaban, su visión se empañaba, pero haciendo un esfuerzo sobrehumano, logró al fin extirpar la parte enferma.

Lo difícil estaba hecho. Así que, tras administrarse antibióticos en la cavidad peritoneal, procedió a suturarse, terminando la operación cerca de la media noche, amenizados por la solitaria y taciturna melodía glacial. Posteriormente, su temperatura corporal regresó a la normalidad. Una semana después, se extrajo los puntos de suturas.

Al poco tiempo, Rogozov se había recuperado por completo, viviendo otros cuarenta años de buena salud.

Y tú, ¿cómo reaccionas ante las decisiones que suponen vida o muerte? ¿Te echas a un lado para ver cómo tu salud, tus finanzas, tu matrimonio o cualquier cosa que amas sucumben ante el desalmado aguijón de la prueba? ¿O decides hacerle frente, no importando cuánto esa prueba exija de ti?

Al igual que al Dr. Rogozov, en la vida se nos presentan momentos que podríamos definir como *«termómetros del carácter»*. José los tuvo. También el conquistador Josué. Y Daniel. Los tuvo David y los profetas del antiguo testamento.

Jesús enfrentó momentos donde su carácter fue revelado. Nuestro Salvador tenía un carácter tan profundo como las raíces de la palmera. Fue por esto que permaneció callado mientras Pilato jugaba al gato y al ratón con él.

La profundidad del carácter de un hombre de Dios determina cuán alto llega. Cuando la prueba de tu carácter llegue, escucha la voz del Padre: «*Mira que te mando que te esfuerces y seas valiente*» (Josué 1:9). «*No te dejaré ni te desampararé*» (Josué 1:5). «*Yo Jehová soy tu Dios, quien te sostiene de tu mano derecha y te dice: No temas, yo te ayudo*» (Isaías 41:13). No permitas que la adversidad te paralice. ¡Actúa! Identifica el problema, descubre la solución, y continúa al siguiente nivel.

He aquí, tú amas la verdad en lo íntimo,
y en lo secreto
me has hecho comprender sabiduría.
Salmos 51:6

*C*uando era más chico me encantaba jugar a las escondidas. Buscaba los lugares íntimos de la casa, y albergaba la infantil esperanza de que nadie más supiese dónde me encontraba. Me gustaba esconderme en el armario, y sumergirme bajo los edredones. Olía a sábanas limpias y alcanfor. Era el escondite perfecto. Allí podía pasar largas horas, hasta que mi adversario se daba por vencido. Con la sonrisa pícara de una travesura bien lograda, abandonaba mi guarida al escuchar el llamado para la cena.

Los años han pasado.

El viejo armario ha desaparecido, junto con la casa donde trascurrió toda mi infancia. Ya no juego a las escondidas, aunque a veces quisiera esconderme. Deseo ocultarme de las personas que me señalan con sus ojos, y me juzgan con sus pensamientos. Quisiera mantenerme alejado de las situaciones dolorosas, y volver a sentir el confortable abrazo de los anchos edredones que me servían de cobija.

Quisiera volver a ser niño y desaparecer por mucho tiempo… Pero no puedo. A todos nos llega el momento en que quisiéramos hacernos invisibles a la vista pública. Jesús, en su punto más crítico, buscó la soledad. Se apartó de sus discípulos en el huerto de Getsemaní, y lloró en presencia de su padre. Bajo la quietud de la noche, Él encontró la fortaleza que necesitaba. David hizo del desierto su escondite, cuando huía de Saúl. Daniel buscaba refugio en su alcoba.

El lugar secreto es aquel espacio donde puedes desconectarte de todo para escuchar la voz de Dios. Quizás no puedas conectarte con el cielo en un jardín, o en la cima de una montaña como el Maestro, pero tal vez puedes transformar tu habitación en un altar privado. Puedes encerrarte en algún aposento de la casa y apagar la luz. Si esperas lo suficiente, tal vez percibas esa suave fragancia que viene más allá de las paredes de este mundo.

El lugar secreto es donde nos perdemos a nosotros mismos, para ser hallados por Dios.

«Si el peso de tus preguntas te agobia, es porque no las has depositado en el *buzón correcto*»

Pero tengo contra ti, que has dejado
tu primer amor.
Apocalipsis 2:4

*H*ablo en nombre de todos al decir que una de las experiencias más dolorosas que una persona puede vivir, es la ruptura de una relación. Especialmente si ese fue el primer amor. No importa cuánto tiempo perduró el romance; el dolor siempre es el mismo. Lo que sentimos se asemeja a un desgarro del alma; un quebrantamiento interno que se torna imposible de soportar.

Si perteneces al extraño grupo de los que nunca bebieron el trago amargo de un rompimiento, te felicito. Sin embargo, esa herida puede cambiar completamente a una persona. Revisa tus memorias. Tuvo que haber una situación en la cual alguien salió por la puerta delantera de tu corazón, una vez y para siempre.

¿Recuerdas? Quizás el suceso sí ocurrió, pero en vez de una amarga y acalorada discusión, fue un mero apretón de manos amistoso, de esos que de manera diplomática ponen distancia entre ambos seres. Cuando ese momento finalmente llega, te la pasas divagando entre la aceptación y la negación.

Tu mente te dice que se acabó, que no le des más vueltas. Mientras, tu ilusorio corazón, alberga un poco de esperanza, previendo una posible reconciliación. *«Tal vez»* suspiras. *«Tal vez la historia aún no ha llegado a su punto final».*

Y así ves discurrir los días. Como arena que se escapa entre nuestros dedos. Como el aire que se pasea entre las siluetas de nuestros cuerpos. Y como el sonido que transita de una superficie a otra, hasta que su eco se pierde en el horizonte.

Las noches se te hacen eternas. Los días se vuelven infinitos. Y el tiempo... que durante gran parte de tu vida parecía esfumarse de prisa, se ha espesado. Se le nota lento, algo pastoso. Prolongando aún más la agonía.

Entretanto, una aguijoneante sensación acampa en tu pecho. Una sensación que parece intensificarse con cada recuerdo que toca a tu puerta, y con cada pregunta carente de respuesta. Te atormentas pensando en dónde estará. O como diría una afamada canción, «*a qué dedicará su tiempo libre*».

A un corazón roto se le hace difícil disfrutar el presente.

Solo echa una mirada a parejas que se amaban, un par de días luego de haber tomado caminos distintos. Poco importa si ella o él tuvo la culpa; la tristeza seguirá a ambos por igual. Y muchas veces esa tristeza se transforma en una melancolía profunda, que puede durar mucho tiempo, incluso años.

En el capítulo 2 de Apocalipsis vemos una carta de un amante al que han echado al olvido. Es una carta escrita con pesar. El papel amarillento tenía manchas de lágrimas fundidas con recuerdos. Es un llamado desesperado, como solo aquellos que han amado íntegramente conocen. «*Tengo contra ti, que has dejado tu primer amor. Recuerda, por tanto, de dónde has caído y arrepiéntete, y haz las primeras obras*» (Versículos 4-5).

Aquí el amante con el corazón roto es Dios, y nosotros el objeto de su amor. Dios se sentía traicionado. Él veía cómo le habíamos echado a un lado, y nos marchamos en pos de otros amantes. Y allí, ante el umbral del corazón, Él susurra como un esposo fiel que se dirige al frío dorso de su amada: «*Vuélvete, y mírame a los ojos. Yo soy tu único refugio. Regresa… regresa a tu primer amor*».

¿Hace cuánto que miras por la ventana carcomido/a de recuerdos? ¿Hace cuánto que caminas cabizbajo/a, con la ilusión apagada como una vela embestida por el viento? Dios conoce cómo te sientes. Su deseo es que el sol vuelva a brillar en tu vida. Y sin importar cuantas noches hayas inundado tu alcoba de llanto, Él anhela mostrarte los rayos dorados de un nuevo amanecer. El Señor quiere traer a tu vida una nueva alegría.

El pastor Dante Gebel dijo en uno de sus más afamados sermones gacelas y leones: «*Esto también pasará. Ese dolor en el alma también pasará. Esa crisis va a convertirse en un tema menor, será solo una anécdota. Ayudarás a otros con esa crisis*».

Mientras tanto, purifica tu corazón y desintoxica tu alma. Prepárate para lo nuevo que vendrá. Mira con confianza hacia el futuro, pues Dios, quien siempre te ha amado, sigue estando a tu lado.

Me mostrarás la senda de la vida;
En tu presencia hay plenitud de gozo;
Delicias a tu diestra para siempre.
Salmos 16:11

Anoche soñé que Jesús me daba un tour por la repostería celestial. Caminamos por las bodegas donde se encuentran las reservas de gracia. En las mesetas vi tartas de misericordia. Me dio una cucharada de compasión. Probé del pastel de la ternura. Se me hizo la boca agua con las galletas de perdón. Sacó el amor de la vitrina y me dijo: «*Toma todo cuanto desees*».

Así es habitar en su Presencia. Así es un momento con Él. Un pedacito de cielo. Un instante en que todo lo amargo se torna dulce. Él sabe cómo derramar miel en tu vida. Su admirable presencia arranca de nosotros todo lo que no tiene sabor, devolviéndonos así la delicia de vivir.

Los manjares que nos ofrece este mundo solo provocan una triste decepción. Las drogas, las fiestas, las falsas amistades, las pasiones de juventud y todo lo que ello conlleva. También podemos degustar de otros aperitivos. El divorcio de los padres. Repetir una asignatura. No ser correspondido en el amor. No dar la talla en el ministerio. La lista podría seguir interminablemente.

Podríamos pasarnos toda una existencia probando sabores artificiales, sin percibir ni una pizca del verdadero pastel. La mayoría hemos tenido una mala experiencia antes de venir a los pies del señor. Y es hermoso cómo Él derrama de su exquisito amor en nosotros.

No te conformes con migajas. No camines alejado de su gracia. Algo me dice que no llevas nada en tu alforja. Estás hambriento. Has sentido la necesidad de alimento espiritual por mucho tiempo. Tus pies están cansados por lo duro que ha sido el camino. Ven, aquí hay un refugio donde puedes habitar por siempre.

Tus labios están resecos. Ven, aquí hay agua que salta para vida eterna.

Acércate a su presencia con un corazón contrito y humillado; y verás cómo el Padre te concederá las delicias que hay en su mesa.

Yo deshice como una nube tus rebeliones,
y como niebla tus pecados;
vuélvete a mí, porque yo te redimí.
Isaías 44:22

*T*odo era armonía allí. El maravilloso jardín recibía los amaneceres como un niño recibe la mañana de navidad. La luz entraba en escena como una intrusa. Una explosión de colores en un cielo oscuro. Los rayos de sol mimaban las membranas de cada hoja. Vientos diurnos soplaban dócilmente, meciendo a su ritmo flores y plantas. Un ruiseñor ensaya su tonada matutina. Una mariposa sacude sus alas antes de abandonar el tronco donde ha pasado la noche. La marmota trastabilla al salir de su agujero. El silencio roto por el despuntar del alba. Una paz solemne inundaba el lugar.

A lo lejos, se vislumbra la silueta de una mujer esbelta, de gran estatura y hermoso semblante, como no existía en la tierra. Su pelo ondulado cubre su espalda, el cual baila al compás de la brisa. Sus pies son acariciados por la textura del pasto mientras camina. Ella conoce cada esquina del huerto. Sus espacios abiertos, sus recovecos. Nada le es indiferente del jardín al que ella llama hogar. Pero nunca lo ha recorrido sola. Hasta hoy.

Se pasea de aquí para allá, entre los arbustos, explorando todo con curiosidad, y en su travesía se tropieza con un árbol diferente. Su fruta se percibe deliciosa a la vista. Exquisita al paladar. Ella sabe que es el único fruto al que no tiene acceso. Nunca había preguntado por qué. En toda su estancia en el huerto el tema nunca fue objeto de conversación. Simplemente el Creador así lo había establecido y punto. Las palabras todavía hacen eco en sus oídos:

«*Moriréis el día que comáis su fruto*». Se aleja un poco, pero al rato regresa. No puede resistirse ante el enigmático secreto que encerraba aquel árbol.

Un reptil se le acerca, mientras ella se deleita. Le habla; la endulza con sus palabras. La aprisiona con sus mentiras. Le promete que aunque coma la fruta no morirá, mejor aún; ella sería igual a Dios. La mujer, en su ingenuidad, queda convencida con los argumentos, estira su brazo y toma la fruta. La lleva a su boca, y con una mordida de ella, y algún tiempo más tarde otra del hombre, el pulcro cielo de nuestro jardín se nubló para siempre.

El velo de la culpabilidad se cierne sobre ellos. Un acervo de sentimientos y emociones, hasta ese entonces inexploradas, arremeten contra sus mentes. Visten con hojas su cuerpo, al percatarse de su desnudez. El bien y el mal han colisionado por primera vez en la tierra. Se esconden avergonzados. Mientras, Dios efectúa un maratón por todo el huerto, buscando a Adán. Él sabía dónde estaba. En su escritorio ya se encontraba un informe detallado. El rey estaba al tanto de lo ocurrido. Pero con todo, al encontrarlo le dice: «*¿Dónde estabas?*». Pese a que conocía su error le cuestiona: «*¿Has comido del árbol del que yo te mandé que no comieses?*».

Incluso ante la tozuda insistencia de ambos en eludir su responsabilidad, el Padre mostró misericordia. Quería que confesaran el pecado que habían cometido. Y es que, el propósito de nuestro Señor no es juzgarnos, castigarnos o maltratarnos. Su propósito es guiarnos al arrepentimiento.

Él podía haberlos exterminado, y comenzar de nuevo. En lugar de eso, prefirió escuchar sus argumentos. Maldijo a la serpiente, antes de a quienes había insuflado de su propio aliento. Él no los desechó por completo. Pero las consecuencias llegaron, a pesar del perdón.

La historia de la humanidad conserva el mismo patrón de gracia y caída. No somos mejores que nuestros padres. Necesitamos que alguien nos devuelva la esperanza. Necesitamos vestidos de misericordia y zapatos de perdón.

Necesitamos desesperadamente un salvador. Así que el Padre ha provisto uno. Él está dispuesto a vestirnos y calzarnos, como lo hizo con Adán y Eva. Su sangre ha escrito una mejor historia para nosotros; una de redención. Así que, sal de tu escondite y corre al centro del huerto. Allí no encontrarás reproches; ya la condena fue cumplida. Allí no encontrarás ira; ya el pecado fue redimido. En el centro del huerto solo hallarás para ti una nueva historia. Y el primer capítulo empieza con una corona de espinas, tres clavos, y una cruz.

Dios, Dios mío eres tú; de madrugada
te buscaré; Mi alma tiene sed de ti,
mi carne te anhela.
Salmos 63:1

*E*sta mañana desperté muy temprano.

Antes que los primeros rayos de sol tiñeran el horizonte, y que desaparezca el rocío sobre las hojas, ya me encontraba en pie. Muchos se preguntarán qué hacía levantado un domingo a las cinco de la mañana. No tenía trabajo pendiente para este día. Todo estaba en orden; los clientes no los volvería a ver hasta el lunes siguiente. Las actividades de la iglesia estaban programadas, y las cosas iban según lo planeado. Mi esposa dormía placenteramente en nuestra alcoba. Ella también se había ganado un descanso en medio de su apretada rutina de trabajo. Los fines de semana silenciamos los teléfonos y las agendas electrónicas, y solemos perdernos por varias horas. Pero yo tenía otros planes en mente para esta mañana en particular. Por eso no quise despertar a mis hijos, ni a mi esposa. Mi barrio dormitaba bajo los tejados como un niño pequeño. Calle abajo, no habían ruidos, ni vehículos que molestasen. Las flores de mi jardín despedían una deliciosa fragancia de primavera. Caminé hacia la cocina y puse un chocolate, el cual impregnó con su aroma mi pequeña sala.

Allí estaba Dios, esperándome. Como cada día a la misma hora. He colocado esa cita en la agenda de mi corazón. Y aprovecho cada minuto como un tesoro para mi alma. Es mi devocional privado con el Padre celestial, dónde solo hay espacio para dos.

Nada nos podría interrumpir a esa hora. Y mientras compartíamos una taza de chocolate, escuchaba claramente el latir de su corazón.

Allí hablaríamos de cosas triviales y sencillas. También de los planes a futuro, y lo que el Padre me tiene preparado. Con sumo cuidado, Él señalaría los errores cometidos durante la semana. Y claro, también estaría su gracia para borrarlos. Le contaría mis temores y dudas sobre esos planes. Y Él diría: «No temas, yo estoy contigo. Todo saldrá bien».

Podría llorar en Su presencia, sintiéndome como un niño otra vez. Dos horas de charla ininterrumpida, diluidas entre anécdotas, lágrimas y confidencias. Este es mi secreto, mi bendición. Muy pronto llegará el lunes con sus afanes y tareas. El trabajo, los personajes de siempre, la universidad con sus profesores cínicos hasta el hartazgo, la familia, y todos los compromisos. Esto y muchas cosas más consumirían mi día, dejándome casi sin aliento. Hasta que llegase la madrugada… y tuviese una nueva cita con Él. Todas mis cargas volverán a quedar a sus pies.

Dios anhela tener citas contigo. Él desea llevarte hasta su intimidad. Ha estado esperando por ti, y nunca cesará de esperarte. ¿Por qué hoy no te presentas a la cita? El chocolate ya está listo. ¿Percibes esa fragancia? Me parece que el Padre ha estado en tu cocina. Puedo ver en tu sala dos tazas humeantes, bálsamo de gracia, y un Salvador.

Dos tazas humeantes. Bálsamo de gracia… y un Salvador.

La Profundidad
del carácter de un hombre de Dios
determina
QUÉ TAN LEJOS LLEGA

Por nada estéis afanosos,
sino sean conocidas vuestras peticiones
delante de Dios en toda oración y ruego,
con acción de gracias.
Filipenses 4:6-7

*P*or lo visto las cosas pintan muy bien para ti. Tienes una linda familia, dos perros que te hacen sentir como en casa, y un plan de jubilación jugoso. Las nuevas tecnologías te han facilitado la vida. La marea constante de datos te trae la información como una taza de chocolate humeante en tu mesa de desayuno. El vuelo que realizaste la semana pasada, ¡en hora record! —como diría el capitán del avión— bien pudo haber tomado meses, tan solo unas pocas décadas atrás. Tienes alguien que se encarga de tu ropa y tu dieta. Hace tiempo que no vas al buzón que solía estar junto a la marquesina. Tus pendientes figuran en la pantalla de tu móvil, y sabes que las cosas podrían ser peores. Sin embargo, sientes que se te acaba el tiempo. Y ya que empezamos a ser sinceros, ambos sabemos que nada de eso te ha otorgado la plena felicidad que deseabas.

Cuando la alfombra acaba de ser reemplazada, notas cierta mirada en tu pareja. *«¿Será que deberíamos cambiar también los muebles?»* En el momento que tachas el último de tus pendientes, con plena satisfacción de tu parte, te das cuenta cómo otros se van agregando solos a tu lista.

Te preocupa la economía, aunque no lo hables muy a menudo en los picnics de tu empresa. Sientes presión por aumentar tus bienes. Deseas comprar una casa más grande, con más espacio para las reuniones familiares, y con mejores pisos. Te miras al espejo y meditas en las cosas que te faltaron cuando eras joven. Y con una tristeza profunda, te prometes que a tus hijos jamás les harán falta. Y tu mente regresa de nuevo al trabajo. Al trabajo duro que te demanda, te exige, te demanda, te exige…

Antes de que continúe, permíteme decírtelo de frente; tú, mi buen amigo estás viviendo bajo la atadura del afán. Te encuentras inmiscuido en una carrera sin una meta fija que subyuga al mundo. Y no podrás verlo hasta que sea demasiado tarde. Vives preocupado y obsesionado con ser rico. No caigas en la trampa del afán. Caballero, suéltate un poco la corbata; ese nudo te está robando oxígeno. Deshazte de tus tacones, querida dama; esos pies necesitan reposo. Ahora que lo hiciste, escucha con cuidado: Nunca trates de saciar el vacío espiritual con cosas que van a pudrirse bajo la lluvia.

Perseguir tus sueños no está mal, pero solo si no te olvidas de Dios en el trayecto. Tienes las mejores redes para comunicarte con tus conocidos, pero no cruzas palabras con aquel que te dio la vida. Dios es quien te sustenta y provee día a día. La presencia de Dios es un refugio más seguro que los bancos de esta tierra. Salmos 16: 5 declara: «*Jehová es la porción de mi herencia y de mi copa; Tú sustentas mi suerte*».

Cambia tu enfoque. Alza tus ojos un momento, hay cosas eternas a las que debes prestar atención. Pon de lado tu agenda y refúgiate en el único que te puede socorrer. Hazlo, y verás cómo su sobreabundante paz te inundará por completo.

Pero en seguida Jesús les habló, diciendo
¡Tened ánimo; yo soy, no temáis!
Mateo 14: 27

*P*edro y los otros nunca supieron de dónde provino la tormenta. Todo cuanto sabían, era que habían estado navegando en un mar perfectamente en calma, hasta que fueron arrastrados a las fauces de la tormenta del siglo. Ya sabes, la clase de tormenta que agita los grandes árboles; aquella que aúlla fuerte en tus oídos como si tuviese garganta propia.

Al principio, ellos como buenos marineros trataron de estabilizar la barca y controlar la situación. Pero la tormenta empeoró a medida que pasaban las horas. Olas de más de veinte pies amenazaban con sepultarlos vivos en las profundidades oceánicas. Fue en ese momento donde la idea de que podrían morir empezó a ocurrírseles como una posibilidad. No había nada que hacer. Nadie a quién llamar. El Maestro deliberadamente había decidido que zarparan sin él, y ahora, ¿dónde se encontraba cuando la muerte de sus discípulos parecía tan inminente? ¿Sabía él lo que ellos enfrentaban?

Puedes plantearte semejante pregunta, porque al igual que los discípulos, en este mismo instante hay una tormenta en tu alma. Parece que todo en tu interior se desploma. Ennegrecidas nubes aparecieron de repente en un enmarañado manto de oscuridad que ocultó el sol. Primero vino un vendaval que sacudió los cimientos de su fe. Luego, gotas frías empezaron a caer, transformándose en una interminable llovizna. El agua corre por tus pies barriendo el polvo del verano. Haciendo tambalear tu preciado bote. Inundándote el alma. Has permanecido así por muchos días.

En el salmo 88:17 se menciona estos momentos de incertidumbre: «*Me han rodeado como aguas continuamente; a una me han cercado*». Justo cuando ya no quedaba esperanza, la silueta de alguien aparece entre el rugir de las olas. Imagínate la situación. No había luz. Solo la negrura aterradora de un mar embravecido a medianoche, iluminado esporádicamente por rayos que partían el cielo en dos. En el bote solo había lugar para la confusión, agotamiento por el esfuerzo de mantenerse a flote, y la posibilidad de morir ahogados. Ahora, visualiza en medio de todo eso, una silueta fantasmal que camina por el mar tempestuoso como si estuviese de paseo.

¿Cuál hubiese sido tu reacción? No te sorprendas si escuchas estos hombres gritar de puro terror. Increíblemente, la extraña figura se revela como el Señor. Con una voz que eclipsa toda tempestad les dice: «Yo soy, no temáis».

Los discípulos batallan entre ver y creer. Pedro lo duda por un momento, pero lo que hace a continuación hará que hablen de él durante más dos mil años; primero confirma si en verdad es Jesús, y, sin pensarlo dos veces, salta de la barca.

Pedro da unos cuantos pasos en la avenida del mar de galilea, antes de que se dé cuenta de lo que realmente está haciendo (recuerda que la tormenta aún no había terminado), y luego el asfalto se convierte en agua de nuevo. Antes de ver una ola engullir a Pedro, Jesús se adelanta y lo sostiene de su mano. Al final lo conduce de vuelta a la barca.

Para el intrépido discípulo esta será la peor y la mejor noche de su vida. Al instante que el pie de Jesús se introduce en el bote, cesa el mal tiempo. Un minuto antes, el mar tenía la misma ferocidad de un huracán; ahora lucía la solemne calma de un lago en una noche veraniega. Los discípulos caen postrados, sin poder salir de su asombro.

Ahora te pregunto: ¿Cuáles tormentas has estado enfrentado? No existe una ruta fácil de avanzar a través de este mar. No hay posibilidad de permanecer secos frente a esos nubarrones que se arremolinan encima de nosotros. El cielo se oscureció cuando Jesús estuvo clavado en la cruz, y también se oscurecerá para nosotros llegado el momento.

La tormenta se aproxima, sea que estemos preparados o no. No esperes que los demás comprendan la magnitud de tu tempestad. Los mares que te han tocado puede que no se comparen con los de alguien más. Aun así, el resultado es el mismo para todos: no hay tormenta que pueda resistirse a la presencia del Maestro.

Reenfoca tu vista en Cristo. Si las olas continúan azotando tu embarcación como un barquito de papel en una alcantarilla; si los vientos de ansiedad te han llevado al punto de naufragar; si crees que nadie está pendiente de la angustiosa situación en la que te encuentras; desvía tu vista por un momento de los vientos, y dirígela hacia Cristo. Charles Swindoll escribe en su libro Cuando se atraviesa por tiempos difíciles: «*Jesús entiende mejor que nadie los gritos silenciosos de su dolor interno*».

Mira a Cristo. Deja que la lluvia se lleve tus lágrimas, y da un paso de fe. Escucha la voz del Maestro guiándote a moverte de donde has quedado paralizado.

Él quiere darte una nueva revelación en medio de la tormenta.

Él quiere enseñarte a ver tus circunstancias como Él las mira.

*Respondiendo Jesús, le dijo: Marta, Marta,
afanada y turbada estás con muchas cosas.
Pero solo una cosa es necesaria; y María
ha escogido la buena parte, la cual no
le será quitada.*
Lucas 10: 41-42

*E*l día transcurría según lo habitual. María sale de su habitación, y se sienta cerca de la ventana. Le gusta mirar el mundo exterior con la esperanza de encontrar algo interesante. Sus delicados ojos marrones reflejan esa mirada de «*aquí nunca pasa nada*», endosando un poco de aburrimiento. Hasta cierto punto tiene razón. Pocas cosas trascendentes ocurrían en la pequeña aldea de Betania. Su hermana Marta anda por allí, en algún lugar de la vivienda. El sonido característico de tinajas moviéndose de sitio, lozas que son lavadas, y el arrastre de una escoba llega débilmente a los oídos de María. Su hermana tiene una obsesión por la limpieza. Siempre lo hace ella misma, pues tal y como continuamente repite: «*Si no me encargo yo misma, esta casa se caerá a pedazos*».

Una gallina se pasea por las cercanías de la ventana, robando la atención de María. Es seguida de sus polluelos quienes afanosamente escudriñan el suelo en busca de insectos y semillas. María les sonríe. Luego alza su vista hacia el polvoriento camino. De repente, la joven entrevé unas figuras, todavía distantes, que se dirigen a la casa con paso decidido. Todo indica que son hombres, La barba los delata, como diría Lázaro, su otro hermano. María les mira con fijeza. Hay algo en su forma que le es familiar. Su rostro es iluminado momentáneamente. Se levanta y grita: «*¡Marta, ven, Jesús nos viene a visitar!*»

Marta abre la puerta e invita a nuestro amado Señor a sentarse. Le ofrece agua para tomar y lavar sus pies, como era costumbre. María, por otro lado, se sienta en el piso, junto a los pies de Jesús. No tardan mucho tiempo en enfrascarse en una amena charla que durará hasta que su hermana, quien había estado limpiando la cocina, les interrumpa diciendo: «*María, creo que el Maestro necesita descansar*».

María disfruta escuchando las palabras que el Señor impartía; Marta prepara, ordena y distribuye los alimentos. A María le preocupa el reino venidero; a Marta le preocupa el almuerzo de mañana. Dos corazones tan cerca del Salvador, y sin embargo, con un enfoque tan distinto. Marta amaba el servicio. Pero en su afán, se olvidó de lo más importante; su invitado.

Marta tenía en su hogar a Jesucristo, y no supo aprovecharlo. Ella no entendió que de nada valía tener al Maestro en tu residencia si no puedes disfrutar de su presencia. Cuando Jesús partió al cielo, de seguro ambas hermanas lo extrañaron por igual. Una recordaría su bondad y amistad sincera; otra recordaría las dulces enseñanzas que el Señor le transmitía a la luz de la lámpara.

Nos hallamos tan inmersos en nuestras obligaciones, que olvidamos prestarle atención a lo que Jesús nos está diciendo. Nunca permitas que los afanes de este mundo te roben el deleite por habitar en la presencia de tu Salvador.

¿Qué harías, si te dijera que Jesús en persona, en este instante, va camino a tu hogar? Pero esta vez no solo pasará a saludar, sino, que anhela quedarse a cenar contigo. ¿Te imaginas? Míralo cómo llega a tu casa en esta noche serena. Contempla su rostro. Conversa con Él, así como lo harías con tu mejor amigo. No desvíes tu atención a la decoración de tu casa, ni te distraigas con el menú. Mejor aún; disfruta un momento de camarería con el Maestro.

Siéntate a los pies del dador de la vida al igual que el apóstol Juan, y escucha los planes del cielo para ti.

A los cielos y a la tierra llamo por testigos hoy contra vosotros,
que os he puesto delante la vida y la muerte, la bendición y la maldición;
escoge, pues, la vida, para que vivas tú y tu descendencia.
Deuteronomio 30:19

artha le dice que no a Juan, y se marcha al campo misionero. Juan opta por mudarse con su amigo José, ya que luego de sacar cuentas, no necesitará un departamento más grande. José decide que ya es tiempo de llevar al siguiente nivel su relación con Claudia, la chica con la que ha estado saliendo por cuatro meses. Mientras su novio trama en secreto el desenlace de la noche del viernes, Claudia ha decidido que pese a lo que cueste, ella se conservará virgen hasta el matrimonio. Cada uno de ellos está tomando decisiones que afectarán radicalmente su propio destino y el de alguien más.

Decisiones. Pequeños "Altos" frente a las encrucijadas de la vida. Reflexiona sobre las decisiones que te han conducido hasta aquí. Ellas son las responsables de tu situación actual. La suma de lo que somos hoy es el resultado directo de nuestras decisiones, y las que tomaron nuestros padres. Gravitamos en torno a ellas. No podemos escapar de la gravedad de sus consecuencias. Ellas son la rueda que nos forman. Nuestras decisiones son las responsables de acercarnos o distanciarnos del propósito de nuestras vidas. Allá, al final de la jornada, lo que realmente importará son las decisiones que hayas tomado cuando el camino te puso a prueba. Podrás culpar a tus padres, a tu raza, al gobierno o cualquier otra persona, pero lo que suceda será tu única responsabilidad. Tu destino está ligado profundamente a tus pequeñas y grandes decisiones.

En el inicio de los tiempos, Dios tuvo que tomar una decisión muy importante cuando nos creó. Imagina todo el tiempo que se tomó para dar ese paso. ¡Toda una eternidad! Quizás el monarca quiso sopesar primero las consecuencias de tener que lidiar con seres de voluntades propias. Dios nunca se mueve a merced de un impulso, ni bajo la presión de las circunstancias; Él actúa cuando el momento es el indicado.

Como sus hijos, deberíamos seguir el ejemplo de nuestro padre. Hace años el poeta norteamericano Robert Frost ilustró el peso de una decisión correcta en su afamado poema *«El camino no elegido»*:

«Dos caminos se bifurcaban en un bosque amarillo,
Y apenado por no poder tomar los dos
Siendo un viajero solo, largo tiempo estuve de pie
Mirando uno de ellos tan lejos como pude,
Hasta donde se perdía en la espesura;
Entonces tomé el otro, imparcialmente,
Y habiendo tenido quizás la elección acertada,
Pues era tupido y requería uso;
Aunque en cuanto a lo que vi allí
Hubiera elegido cualquiera de los dos.
Y ambos esa mañana yacían igualmente,
¡Oh, había guardado aquel primero para otro día!
Aun sabiendo el modo en que las cosas siguen adelante,
Dudé si debía haber regresado sobre mis pasos.
Debo estar diciendo esto con un suspiro
De aquí a la eternidad:
Dos caminos se bifurcaban en un bosque y yo,

Yo tomé el menos transitado,
Y eso hizo toda la diferencia».

El poema es engañosamente simple: dos senderos, un caminante, y dos posibles destinos. Pero algo no estaba en orden con uno de ellos; había un peligro acechando en la maleza. Las cosas hubiesen podido salir mal. El escritor del poema suspira al percatarse del peligro que evitó al desechar el otro camino.

Cuando estés en la encrucijada, y veas ante ti dos caminos que se bifurcan donde tu vista no puede alcanzar, detente un momento y pon ambos en una balanza. Evita los atajos siempre que puedas. Somete tus decisiones a la sensatez y a la guía de la palabra de Dios. Elige el camino que te indique la sabiduría. Ese será el camino que desarrollará tu carácter.

Una buena decisión puede conducirte a casa más rápido de lo que piensas.

El lugar secreto,
ES AQUEL ESPACIO DONDE
PUEDES DESCONECTARTE DE TODO,
para escuchar la voz de Dios

Esforzaos y cobrad ánimo; no temáis, ni tengáis miedo de ellos, porque Jehová tu Dios es el que va contigo; no te dejará, ni te desamparará.
Deuteronomio 31:6

*C*uando tenía apenas tres años, a mi hermano y a mí, no nos gustaban las noches de tormentas. Teníamos montones de juguetes, y éramos niños muy alegres, pero nos aterraba el estrepitoso rugido de los rayos y truenos durante esas madrugadas.

Nuestro padre se detenía junto a nuestra cama, esperando que el sueño nos venciese. Luego apagaba la luz, y susurraba: «Papá está aquí. No hay nada qué temer». Él nos miraba a los ojos, y sentíamos confianza. Al cabo de unos minutos nos quedábamos dormidos.

Hoy, décadas después, pienso en los temores que ya he vencido, y aquellos que todavía me persiguen. Temo decepcionar a mi familia. Temo perder algo importante. Tengo miedo de fallarle a Dios.

Cuando éramos niños vivíamos atiborrados de temores. ¿Recuerdas? Quizás temías a la oscuridad, a las serpientes, a esas arañas grandes, negras y peludas (¡agg!), entre otras cosas impronunciables. Luego crecemos, y nos adentramos en la tempestuosa etapa de la adolescencia. Nuestros temores dejan de ser abstractos, y toman rostros propios. Nos aterra el rechazo, o el desamor de esa persona que amamos en silencio. Después que maduramos, reprobar algún examen en la facultad basta para dejarnos con los nervios de punta. Terminamos la carrera y la preocupación se traslada al fracaso profesional. Más tarde, el pensamiento de si seremos un buen esposo o esposa nos quita la tranquilidad. Pero la historia no se detiene ahí, pues llega la hora de ser padres y… en fin, vivimos sobrecogidos de temor.

En ocasiones el temor nos sobrepasa, y optamos por abandonar nuestros sueños. Miramos nuestro camino salpicado de adversidad. Notamos la cantidad de obstáculos y preferimos no intentarlo. Michael Jordan, considerado por muchos el mejor jugador de la NBA (National Basketball Asociation por sus siglas en inglés), una vez dijo: «He fallado más de 9000 tiros en mi carrera. He perdido casi 300 juegos. 26 veces han confiado en mí para tomar el tiro que ganaba el partido y lo he fallado. He fracasado una y otra vez en mi vida, y eso es por lo que tengo éxito».

¿Cuáles miedos cargas contigo en este instante? Gran parte de las cosas que te aterraban de niño ya han perdido su fuerza en ti. Un día descubres que el patio trasero no era la tenebrosa jungla que pensabas. Abres la puerta del closet, y te das cuenta con total delicia, que allí no habitaba ningún monstruo. Buscas debajo de la cama y solo ves la zapatilla que creías haber perdido.

Ya te deshiciste de esos viejos temores. Sin embargo, has sabido guardar algunos todavía. Han echado raíces en tu interior, y no piensan salir por sí solos. ¿Por qué no se los entregas a tu Padre celestial?

En su libro Sin Temor, Max Lucado dice: «El temor nunca escribió una sinfonía ni una poesía, negoció un tratado de paz ni sanó una enfermedad. El temor nunca sacó a una familia de la pobreza ni un país de la intolerancia… el valor sí lo hizo. La fe lo hizo».

Nunca seremos totalmente libres hasta que echemos fuera el temor de nuestro camino. *«Encomienda a Jehová tu camino y confía en Él, y Él hará».* (Salmos 37:5). Dios desea que lidies con el temor. Quiere que le entregues toda ansiedad. *«Echando toda vuestra ansiedad sobre Él, porque Él tiene cuidado de vosotros».* (1 Pedro 5:7)

Mi querido amigo, el Dios eterno es quien dirige tus pasos. Sus brazos son más poderosos que los tuyos. No tienes por qué temer.

Entonces dijo David al filisteo: Tú vienes a mí con espada y lanza y jabalina; mas yo vengo a ti en el nombre de Jehová de los ejércitos, el Dios de los escuadrones de Israel, a quien tú has provocado.
1 Samuel 17:45

George Foreman era un gigante.

No el típico gigante que vemos en los cuentos —amenazante, con un inmenso garrote, y su único ojo encendido en ira, dispuesto a aplastar a cualquiera que se le enfrente—, pero George Foreman tenía todos los atributos de un gigante. Al menos eso sentían los que se enfrentaban a él.

El legendario boxeador afroamericano medía un metro noventa, y pesaba cien kilos de pura furia asesina. Sus puños eran tan grandes como pelotas de fútbol. Su cuerpo henchido de músculos lo hacía lucir tan imponente como una mole de acero negro. Los contrincantes tenían que subir la vista para mirarle a los ojos. Y cuando lo hacían, lo que veían bastaba para aflojarle las rodillas a cualquiera.

Le apodaban el bombardero de Texas. Se había alzado con el título mundial de pesos pesados en 1973 luego de haberle propiciado un espectáculo humillante al campeón vigente, y desde ese día empezó su reinado de terror en el ring.

Muhammad Ali lo sabía. Conocía toda la historia sobre su oponente, tanto como usted conoce la suya propia. Pero eso no lo detuvo para enfrentarlo el treinta de octubre de 1974 en una arena delante de sesenta mil fanáticos. Eso sin contar los millones que lo observaban en directo por televisión.

La mayoría de nosotros lo pensaríamos dos veces antes de subirnos a ese ring. Ali no pertenecía a ese grupo. Él no temía a los gigantes. Con un sarcasmo que rayaba en lo ridículo le dijo antes de la pelea: «Soy tan malo que hago que la medicina se enferme. Ahora estás en problemas George Foreman… voy a mostrarte cuán grande soy».

George Foreman se burló de Ali ante las cámaras. La prensa lo llamó tonto y pretencioso. Todos creían que el joven contrincante se convertiría en la siguiente víctima del Bombardero de Texas. Pero Muhammad Ali estaba empeñado en cumplir su profecía.

Y lo demostró en el noveno episodio.

Durante nueve asaltos el gigante golpeó el cuerpo de su oponente con fuerza descomunal. Ali resistió la embestida sin apenas lanzar un golpe. El púgil astutamente esperó que el viejo oso se cansara, y luego desató una tormenta de puñetazos que enviaron al gigante a la lona. El réferi contó diez segundos… y la pelea había terminado.

«*¡Soy el más grande!*» Gritaba enloquecido por la victoria. Podrías llamarlo orgulloso, y tal vez no te equivoques. Solo recuerda que se requiere más que deseo para enfrentar los gigantes. Necesitas vencer el miedo que te neutraliza. Debes correr por el valle de Elah y hacerle frente a tu Goliat. Conoces a tu gigante mejor que nadie. Lo ves todos los días. Sientes su aliento rancio en tu rostro al levantarte. De alguna manera se ha mantenido imperturbable todos estos años. Él siempre ha estado allí… subestimándote. Analizando cuándo será el próximo asalto.

¿Cuántas historias necesitas antes de hacer alguna ofensiva? Tal vez solo una.

Lee la historia que se encuentra en 1 de Samuel 17 y recoge las gemas escondidas en el pasaje. El relato del jovencito rubio que deja de ser invisible para convertirse en leyenda. Visualízate en su lugar. Camina hasta el arroyo y selecciona tus cinco piedras. Escucha el latir agitado de tu corazón. Siente el giro de la honda en tu mano. Mira cómo la piedra cobra impulso. Ahora presta atención al gigante —sí, ese mismo que te ha atormentado por tanto tiempo—, rodar colina abajo con un hueco en la frente. Maravíllate ante el grito del ejército a tus espaldas, y ármate de valor.

Solo entonces descubrirás por ti mismo que eres capaz de vencerlo en su propio terreno. No será la honda, sino el viento celestial que impulsa la piedra. Tú también puede dejar una huella en la historia. Ahora es tu turno.

He aquí, yo estoy a la puerta y llamo; si alguno oye mi voz y abre la puerta, entraré a él, y cenaré con él, y él conmigo.
Apocalipsis 3:20

*P*or la noche volvió a llorar. Una lágrima resbala lentamente, acariciando sus pómulos enrojecidos. La gota dibuja un arroyuelo al recorrer sus mejillas, para de manera definitiva llegar a su enclave. ¿Su destino? Una almohada inundada de tantos sueños, hoy convertidos en gotas agridulces por un lacerante gemir.

Su llanto parece perderse con el latir acelerado de su corazón; un corazón destrozado, socavado por un trío que solo toca la canción del desamor: la traición, la mentira y el engaño. Engaño por el cual se prometió a sí misma que no volvería a pasar. Pero helo aquí; se abre el capítulo que pensaba concluido. Un Déjà vu amargo le invade. Y por más que desee, no puede cerrar el grifo de sus lágrimas.

Ha ocurrido otra vez. Su mente se abarrota con más incertidumbres que respuestas.

«*¿Qué pasó?*» Pregunta desconcertada y con tono angustiante. «*¿Cómo me pudo volver a suceder?*» Reclama entre sollozos. «*¿Qué hice mal?*» Concluye, antes de impactar de nuevo su rostro contra quien hasta ahora ha sido su refugio y confidente; su almohada.

El error fue haber construido su casa sobre la arena, dejando de lado la roca firme. Haber prestado más atención a los deseos de su naturaleza humana, olvidando por completo que es un ser espiritual. Poner sus ojos en el hombre, en vez de haberlos fijado en aquel del cual proviene toda buena dádiva.

Y aun en medio de los destrozos que le palpitan dentro; a pesar de que el torrente de sus esperanzas ha sido segado; ella cree que el amor todavía es posible. Por más vueltas que dé; por más espinas que abrace; todavía suspira por el verdadero amor. Pero la historia no ha llegado a su fin.

Alguien se ha ofrecido a reparar su maltratado corazón. Le conocen como Jesús. La gente dice que es experto en el oficio. Le prometen que Él nunca la traicionaría. Ella abandona su almohada, y sin reservas le confiesa sus temores. Por un momento le parece que sueña, porque este hombre la mira como ningún otro. Puede ver consuelo en aquellos ojos. También la alegría que había perdido. Y cuando su mano fría y mojada de llanto se encuentra con la otra, ella siente la tibieza que rodea aquella mano.

Él la invita a entregarle sus cargas, temores, dolores y desconciertos, para que pueda descansar. No solo le dice que le ama, sino que se lo demostró, al entregar su propia vida para salvarla. La mujer asiente. Más lágrimas son derramadas. Lágrimas de agradecimiento. Él recoge con ternura su cabello, y deposita un beso en su frente. Seca cada lágrima con dulzura, provocando que una sonrisa nazca en su rostro.

Le asegura que sin importar lo mucho que duela, al final él lo usará para su bien. Le repite que las aflicciones que atraviesa son pequeñas, minúsculas, y jamás serán comparables con la gloria que en ella ha de manifestarse.

Al final, mientras ella cierra los ojos para

dormir por primera vez en muchas noches, Él la abraza con su presencia, y sus labios susurran, como un amoroso padre; «*Nunca te he dejado de amar. Estoy aquí, junto a la puerta. Esta leve tribulación momentánea producirá un cada vez más excelente y eterno peso de gloria*».

Vi un cielo nuevo y una tierra nueva; porque
el primer cielo y la primera tierra pasaron,
y el mar ya no existía más.
Apocalipsis 21:1

¿Recuerdas esos días de la infancia, en los que todas las historias fantásticas siempre terminaban así?

El príncipe vence al villano.
La princesa es liberada de su prisión.
Y ambos cabalgan hacia una cabaña en el bosque
donde vivirán felices por siempre.

Ah, ojalá y todo fuese tan simple. A veces me detengo a ver dibujos animados con mi hijo, y añoro esos días antiguos. El tiempo donde daba por sentado que todos mis personajes favoritos tendrían un final feliz. Medito en esto, y siento que se me hace un nudo en la garganta. Vamos, «¿*Felices por siempre*?» Ni siquiera he disfrutado de un año completo de felicidad.

Nunca he estado plenamente satisfecho con el desenlace de muchas cosas. Ahora que he crecido, puedo interpretar la vida no desde la perspectiva de un niño que se emociona cuando el héroe de la historia vence al dragón; sino la de un adulto que lucha contra él todos los días.

Felices por siempre. Tal declaración cala profundamente en mí, ahora porque he vivido; he peleado y he saboreado pequeños triunfos que me han obsequiado fugaces momentos de felicidad. Seguro los has tenido también. Instantes donde sientes que tu corazón salta de salvaje alegría. Pero no nos dejemos engañar, ambos sabemos que esos momentos no perdurarán lo suficiente como para otorgarnos felicidad eterna.

John Eldredge lo pone de esta manera: «*Esto está escrito en el corazón humano... este anhelo por el vivieron felices para siempre*». Así es como fue escrito, porque esa era la intención original del guionista supremo. Él puede ver más allá del tiempo, y ya conoce el final. Así como el director de la película no se extraña de su obra maestra, a nuestro Padre celestial no le toman por sorpresa las cuantiosas pérdidas de nuestra historia. Así que me relajo, y disfruto de un episodio más con mi hijo. Suspiro cuando llegan los créditos finales. Dejo que las historias me envuelvan, emocionándome al igual que en mi niñez. «Si encuentro en mí mismo deseos que nada en este mundo puede satisfacer, la única explicación es que fui creado para otro mundo» como dijo el teólogo C.S. Lewis.

Recuerde esto cuando le salten lágrimas al salir del teatro; nuestras vidas terrenales tienen un final preestablecido. Pero ese día apenas será el principio de nuestra verdadera historia. Esta vez no habrá trucos, ni giros en la trama. Un nuevo capítulo se abrirá ante nuestros ojos. La felicidad eterna nos alcanzará, y seremos abrazados por ella. Esto es solo el preludio de una epopeya épica mucho mayor de lo que jamás hemos experimentado.

El guión que el Padre escribió para nosotros nunca tendrá fin.

"Tu destino está ligado
profundamente
a tus pequeñas y
grandes decisiones."

Porque un momento será su ira,
Pero su favor dura toda la vida. Por la noche
durará el lloro,
Y a la mañana vendrá la alegría.
Salmos 30:5

¿Te ha sucedido que al recibir una buena noticia —especialmente en horas nocturnas—, esa idea parece agrandarse en tu cabeza, de tal manera que resulta imposible conciliar el sueño? Creo que puedo arrancarte un sí. La verdad es que a todos nos ha pasado.

Es siempre emocionante conseguir tu primer empleo. Y mucho mejor si este va relacionado con la carrera que has estudiado. Todavía recuerdo el mío con afecto. El proyecto se trataba de un diseño arquitectónico para un edificio de tres niveles. Y ahí estaba yo, en el lugar y momento preciso.

Esa noche dormí poco, por no decir nada. El diseño ocupaba todos mis pensamientos. Hilvané cada rincón. Tejí cada espacio mientras los unía punto por punto. Imaginé cada dormitorio, baño o habitación del mismo. Cerraba los ojos, pero mi cerebro se negaba a descansar. Al final ese desvelo tuvo su recompensa. Y, siéndote sincero, mi cuerpo prácticamente no lo sintió.

Pero no siempre las noticias que nos mantienen despiertos son tan buenas. Existen notificaciones que literalmente pueden caerte como un balde de agua helada. Reportes que desmoronan tus sentimientos. Correos que atormentan tu corazón como si lo enredasen con lazos de espinas. Llamadas que siembran angustia en tu espíritu desde que se asoma el sol, y hasta que se pone. Luego se presenta la noche, como un verdugo sediento de lágrimas. Torturando lo más recóndito de tu alma.

Es en esa tesitura donde sientes que la noche nunca acabará. El reloj avanza sin la menor prisa. La almohada parece de piedra. Las sombras del patio danzan a través de la ventana. Madrugadas largas y duras, en las que el zumbido del aire atemoriza más de lo debido. Son esos momentos en los que deseas poseer un interruptor para desconectarte de tu realidad. Son noches en las que la luna no tiene nada poético; más bien es solo un pedazo de roca fría echando su luz azulada sobre un camino desierto. Un camino por el que ninguno desearía transitar.

David conocía muchas noches como esas. Huyendo de Saúl experimentó el desgarrador silencio de las madrugadas en el desierto. En medio de la incertidumbre y la soledad, David aprendió a esperar la luz de un nuevo amanecer. Cuando la noche perdía su fuerza, y los tiernos rayos de un sol naciente se posaban en la arena húmeda, el salmista elevaba un canto de confianza. El sol aumentaba su potencia, y el alma del dulce cantor de Israel se rejuvenecía.

Fue en una de esas noches cuando escribió: «*Yo me acosté y dormí, y desperté, porque Jehová me sustentaba*» (Salmos 3:5)

Si te encuentras en medio de la noche oscura del alma, no pierdas la confianza. El Señor promete fortalecerte en medio de la angustia. Salmos 42:8 declara: «*Pero de día mandará Jehová su misericordia, y de noche su cántico estará conmigo, y mi oración al Dios de mi vida*».

La gloriosa mañana viene, y trae consigo alegría. *«Jehová es bueno, fortaleza en el día de la angustia. Conoce a los que en Él confían».* (Nahúm 1:7).

Sobre toda cosa guardada, guarda tu corazón; Porque de él mana la vida.
Proverbios 4:23

*G*uarda tu corazón, insta el sabio rey. Mientras escribe estas líneas, Salomón atraviesa la postrimería de su vida, y su reinado. Cuando un hombre se encuentra en tales condiciones, tiende a analizar su vida en retrospectiva: mide sus logros en balanza, y saca cuentas para ver si le quedó saldo a favor.

Una vez allí, habiendo separado lo pasajero de lo eterno, Salomón apunta al objeto más preciado que los jóvenes de la corte jamás tendrán: su corazón. Nuestro corazón es un tesoro expuesto en un campo baldío. Si no lo cuidamos, estará a expensas de cualquier pasión viajera que pretenda robárnoslo.

«Guarda tu corazón… porque de él mana la vida». ¡Cuánta sabiduría divina hay en estas palabras! Un transatlántico no puede navegar sin sus hélices plenamente sincronizadas, al igual que un hombre no puede cumplir su llamado sin un corazón completamente restaurado.

El corazón no es un artefacto que pueda ser aceitado y engrasado como las piezas de un automóvil. Es mucho más que una máquina que bombea sangre a nuestro cuerpo. En nuestro corazón se halla el centro de la voluntad; el lugar donde el enemigo dirige sus cañones cuando desea derribarnos por completo. Los anhelos tienen su origen en el corazón. Las frustraciones también. Es en el corazón donde ocurre el milagro de la redención. Cuando Dios nos examina, Él mira dentro de nuestro corazón.

¿Entiendes la importancia de todo esto? Si Dios pone énfasis en que cuidemos el corazón, es porque existe la posibilidad de que lo perdamos.

Charles Swindoll lo explica así en su obra La búsqueda del carácter maduro: «*A veces debemos guardar el corazón... protegerlo de la invasión y mantener las cosas seguras, a salvo. A veces debemos entregar nuestro corazón... dejar salir algunas cualidades hacia los demás*».

Tu corazón es en esencia pasional, hecho a la semejanza del corazón del Padre. De otra manera no existiesen los grandes sacrificios, ni tendríamos todas esas historias que avivan el fuego en nuestro espíritu. Ninguna proeza digna de recordar, ni record olímpico fue jamás alcanzado sin una entrega total del corazón. Jesús no habría ido a la cruz, si no te hubiese amado con todo su corazón.

Como un hortelano vela por su jardín, vigilando las malas hierbas que echan a perder su hortaliza, Dios nos encarga velar por nuestro corazón. Nuestra salud espiritual depende de ello.

¿Cómo está tu corazón últimamente? ¿Cuánto hace que no lo sometes a un chequeo rutinario?

No temas, oh tierra, regocíjate y alégrate, porque el SEÑOR ha hecho grandes cosas.
Joel 2:21

¿Cuánto hace que no tienes una buena carcajada? ¿Cuánto hace que no ríes con ganas hasta que salten lágrimas de tus ojos, y tus vecinos se pregunten qué te hace tanta gracia?

La revista Selecciones del Reader´s Digest llama la risa como: «El remedio infalible». Sonreír es una medicina gratuita para combatir el hastío de la rutina. Nuestra vida es un hermoso, pero difícil camino en el cual ingresamos desde el instante que arribamos a este mundo. Sin importar cuán preparados estemos, las cosas pueden torcerse en cualquier tramo. Pero existe algo que sí podemos controlar. Y es la actitud con la que lo encaramos.

La alegría puede ser momentánea, pero el gozo, en cambio, es una dádiva del cielo. Don Ramón, el famoso personaje de televisión decía: «Puede ser que no tenga ni un peso en mi bolso, pero tengo una sonrisa en mi rostro y eso vale más que todo el dinero del mundo».

Algunos solo sienten felicidad cuando tienen los bolsillos llenos, pareciendo que su estado de ánimo está ligado únicamente a sus posesiones materiales. Sin embargo, en la Biblia Dios nos insta a regocijarnos.

¡Sonríe! Una sonrisa levantará tu ánimo.

Que nada te limite. ¡Sonríe! Será tu mejor tarjeta de presentación.

Sin importar como te sientas ¡Sonríe!

¡Sonríe! Puesto que una sonrisa desvanecerá toda depresión.

¡Sonríe! No esperes que otros lo hagan por ti, hazlo tú por ellos.

Una sonrisa es contagiosa. ¡Sonríe! No sabes a quién le alegras el día.

Hoy es tu día de favor ¡Sonríe! Y declara que «*En Jehová se gloriará mi alma; lo oirán los mansos y se alegrarán*». (Salmos 34:2). Dios quiere verte sonreír de nuevo. Él desea llenar tu vida de un gozo puro, que el mundo no ha conocido. Vivimos en una era donde ser auténtico es tan escaso, que cuando alguien sonríe nos preguntamos si de veras es feliz. Una persona que mantiene el gozo, sabe permanecer de pie, sin importar a qué se enfrente. La alegría prolonga los días, y vigoriza el alma.

Aún sabiendo que surgirán días sombríos, ¡sonríe! Puesto que la solución a tus problemas puede comenzar cuando le des la bienvenida al gozo. Ese rayo de luz que tu corazón necesita puede asomarse en este instante.

En ti está la decisión. Este es el momento... ¡Sonríe!

Venid a mi todos los que estáis trabajados y cansados,
y yo os haré descansar.
Mateo 11:28

Solo mírate.

Eres hermosa. Una flor que parece robarse todo el encanto de la primavera. Pero estás llorando. Permíteme acercarme. No escondas tu rostro de mí, porque mis ojos miran tu interior, y puedo ver que ya te has rendido. Lloras porque es imposible hacerle frente a la vida con el corazón quebrado. La marea fue alta, y tus ilusiones nunca arribaron a puerto. Lo sé todo de ti. Estuve presente cuando tus ojos se abrieron, y estaré presente cuando se cierren para siempre

¿Qué puedo hacer para que vuelvas a depositar tu confianza en mí? Tus pasos solo encuentran lodo cuando caminas un sendero diferente al mío. Tus decisiones yerran el blanco cuando te lanzas al futuro sin consultarme.

Ven, toma mi mano. Tengo todo el tiempo a mi favor, porque yo lo diseñé. Yo también delineé las oportunidades que te aguardan adelante. Estás enamorada, pero los amores de este mundo nunca podrán superar mi amor por ti. Derriba esos muros de autocompasión. Permíteme sacarte del pozo donde te encuentras, y ataviarte con tu mejor vestido. Deposita en mis manos ese corazón quebrado… y en mis manos sentirás que vuelve a latir.

A veces las flores más hermosas contienen espinas, y las sendas correctas suelen ser las más difíciles. Si caminas junto a mí, ganarás la seguridad que habías perdido. Yo fui hasta el calvario, solo para ganarte a ti.

"*Dios*
quiere darte una
nueva revelación
en medio de la
tormenta".

Pacientemente esperé a Jehová, y se inclinó a mí,
y oyó mi clamor.
Y me hizo sacar del pozo de la
desesperación, del lodo cenagoso;
Puso mis pies sobre peña, y enderezó mis pasos.
Salmos 40:1-2

*H*e aquí un guepardo. Merodea hambriento entre la maleza que arropa la sabana africana. Han pasado muchos días desde que probó alimento. Ya casi ni recuerda su sabor. Sus costillas se divisan entre el pelaje que cubre su piel. Los gruñidos de su estómago son más estridentes que los que en este instante emiten su hocico. Sin embargo, al vislumbrar una gacela en el horizonte... enmudece. Ni un solo susurro, ni el mínimo murmullo. Permanece firme. Inerte; solo observa. Examina milímetro a milímetro su presa. Evalúa su figura. Cada comisura. Sus movimientos. El grado de facilidad o dificultad de su objetivo.

Comienza a avanzar. Sigilosamente se desliza entre la maleza, la cual se funde con su pelaje creando una especie de camuflaje. Si este es descubierto, se queda inmóvil en la posición que fue sorprendido. Y ahí lo tenemos: el animal más rápido de la tierra pretendiendo ser un tronco o una roca. La gacela lame su pata distraída. Ignora que es vigilada. Entonces inicia el ataque.

El guepardo acelera alcanzando una velocidad de más de noventa kilómetros por hora, en apenas un par de segundos. La gacela emprende la huida. Un zigzagueo hacia la izquierda, luego caracolea a la derecha. Pero todo ha sido en vano. Finalmente, cae derrotada. Un segundo después, el peso de unos colmillos atraviesa su tráquea, arrebatando toda señal de vida. La paciencia del felino rindió sus frutos.

De todos los frutos del espíritu, la paciencia es el más difícil de obtener. El gozo está al alcance de la mano. La paz se halla a escasos centímetros del suelo. La fe se balancea en lo alto, solo hace falta un buen trepador. Pero la paciencia reluce en la cúspide del árbol, retándonos a conquistarla. Muchos la ignoran, sin saber lo indispensable que ella es para lograr nuestro propósito como personas, y especialmente como cristianos. Debido a todos los avances y tecnologías, «esperar» es algo a lo que no estamos acostumbrados.

Jean Jacques Rousseau dijo: «*La paciencia es amarga, pero su fruto es dulce*». El salmista David compara la desesperación con estar en un pozo. No un pozo de agua pura y cristalina; sino uno oscuro y lleno de lodo. Las paredes pegajosas. Un asfixiante aire rancio. Escaza luz que parpadea por encima de la cabeza. Escorpiones aguardando en la oscuridad. Un pozo de desesperación.

Él esperó en Jehová, y fue sacado de aquel terrible estado en el que se encontraba. Existen situaciones donde solamente con el fruto de la paciencia podremos tocar el corazón de Dios. Quizás dices cuando estás en aprietos: «*Nunca me ha sido fácil esperar*». Entonces, te tengo buenas noticias: tú tienes ayuda. ¿De quién? Del mismo Espíritu Santo. En Gálatas 5:22 el apóstol Pablo nos explica que la paciencia, es uno de los frutos que nos brinda el Espíritu.

Así que mira hacia el árbol. Extiende tu mano con confianza. Y empieza cosechar los mejores frutos.

*Pasando Jesús de allí, vio a un hombre llamado Mateo,
que estaba sentado al banco de los tributos, y le dijo:
Sígueme. Y se levantó y le siguió.*
Mateo 9:9

*H*ay una voz sublime que te está llamando.

No es un simple requerimiento. No se compara con un anuncio de guerra, o una convocatoria a un banquete. Puedes escucharla cuando prestas atención a lo que te sucede. Está latente al meditar en las cosas que verdaderamente tienen relevancia. La distingues en el diáfano silencio de la mañana, previo al bullicio del día. La percibes cuando miras a tus hijos, y de pronto reparas en cuánto han crecido. La notas en tu interior, como una inconformidad espiritual de la que es casi imposible zafarse. La adviertes en los eventos del diario vivir, como destellos de sabiduría que te asaltan, y que luego olvidas para seguir con tus ocupaciones. Pero la voz continúa en el mismo lugar.

Es un llamado sagrado y transcendental. Su eco resuena en el tiempo y la eternidad. La dulce voz nos incita, nos corteja. Enamora nuestra alma, y nos invita a seguir el camino de la cruz.

¿Quién responderá? ¿Quién se atreve a renunciar a su propia vida para seguir los pasos del Maestro? ¿Quién oirá su voz, y la obedecerá?

Unas manos perforadas se extienden a través del fino velo que nos separa del destino, ofreciéndonos el mayor privilegio que cualquier mortal pueda tener; caminar junto al Maestro.

Andar con Jesús es la recompensa de quienes le aman. Cuando seguimos sus pisadas, toda nuestra agenda pasa a un segundo plano. Nuestros sueños y ambiciones pierden su atractivo, y sus huellas se convierten en nuestro norte.

Las presiones pueden eclipsar el sonido de su voz. Ellas también tienen boca y nos hablan. Su voz es pesada y gruñona. La voz de Cristo, en cambio, es dulce, apacible.

¿Cuál voz escuchas ahora? Detrás de cada día, oculto en lo profundo de tu ser, su voz persistirá hasta que decidas aceptarle o ignorarle por completo. Con un delicado murmullo te invita a ir en pos de Él. Sigue su senda que conduce a la vida eterna.

Y Él te hará descansar.

Entonces respondió y me habló diciendo:
Esta es palabra de Jehová a Zorobabel, que dice: No con
ejército, ni con fuerza, sino con mi Espíritu,
ha dicho Jehová de los ejércitos.
Zacarías 4:6

Zorobabel no podía creer lo que decía la carta. Su rostro empalideció mientras leía en silencio.

Al notar su repentino cambio de humor, sus compañeros temían preguntarle por su contenido. Arrugó la frente, se aclaró la garganta, y luego dijo al mensajero: «*¿Es todo lo que dijo Artajerjes?*». «*Así es señor*» respondió el joven. «*Bien. Puedes marcharte*».

Zorobabel se dio vuelta a sus ayudantes, y les dijo con voz entristecida: «*Se terminó, muchachos. El rey ha mandado a detener la construcción*». Un murmullo recorrió la sala donde se encontraban.
«*¿Cómo es esto posible?*».
«*Fue Dios quien nos mandó, ¿recuerdan?*».
«*Esto debe ser un error, jefe. El cielo tiene que opinar algo sobre esto*».

Preguntas rondaban la mente de Zorobabel. Preguntas dolorosas que no se atrevía a emitir para no desanimar a los otros. También le rodeaban recuerdos. Zorobabel era uno de los líderes que regresó del cautiverio de babilonia con el fin de reedificar la ciudad. Era un hombre decidido, al que los problemas no amedrantaban con facilidad. El retorno representaba muchas ilusiones para una nueva generación que solo escuchaba historias de la antigua gloria del templo. Imagina ese momento en que por fin vislumbran la tierra de sus antepasados, en medio de una gran algarabía. Jóvenes nacidos como esclavos que portan túnicas coloridas como los babilonios. Ancianos montados en burros, mujeres que cargan los enseres que han conocido toda la vida. Niños que dormitan en los camellos.

Son extranjeros y peregrinos que por fin regresan a casa. Vienen de la cautividad solo para descubrir un montón de cenizas frías, muros derrumbados, y una desolación sembrada por doquier. Parte del remanente ya había alzado el campamento; otros abogaban por la reconstrucción de la ciudad, pero Zorobabel tenía algo en mente.

Él quería primero edificar el templo.

Antes de pensar en su propia casa, Zorobabel pensó en la de Dios. Primero que la plaza, él vislumbró el atrio. Antes de que el carpintero tallase las puertas de la ciudad, él soñó con el lugar santísimo. Era un deseo loable. Y ahora la obra estaba paralizada.

Zorobabel se sentía aturdido ante la respuesta del rey. ¡Traición, traición! Gritaba esa carta en sus oídos. Escuchaba risas. Las risas de sus enemigos más allá de la colina. Los mismos que corrieron donde Artajerjes con el informe tergiversado. Las voces de los hombres que le acompañaban susurraban entre las tiendas: «*Nunca debimos seguirle*». El traidor interno que le grita: «*eres un inútil*». «*Tu familia necesita de ti y no has sido capaz de ayudarla*». «*¿Sabes lo que los hombres están pensando en este mismo instante?*» «*¿Qué vas a hacer ahora, Zorobabel*». «*¿Cuál otra jugada queda en tu libreto?*».

Zorobabel podía optar por una actitud de contraataque. Podía vengarse y enviar cientos de cartas corroborando que su posición de sumisión al monarca todavía se mantenía. Podía hacer caso omiso de la carta y continuar con la obra. O bien podía dedicarse a sus propios negocios y echar todo el asunto del templo al olvido. Sin embargo, él hace lo que ninguno de sus consejeros había sugerido: pone el asunto en las manos de Dios.

En incontables ocasiones afrontamos circunstancias y estropicios que nos sobrecargan. Momentos en los cuales tratamos y nos esforzamos hasta donde terminan las fuerzas. Pero por más que intentamos no logramos dar con una luz al final del túnel. Son períodos oscuros, lúgubres, en los que viene el enemigo y siembra en nuestra mente pensamientos de desaliento y derrota. Instantes en los que ansiamos soltar las armas, dejarlo todo y olvidarnos de luchar.

A mí también me ha pasado. He sentido como esa carga invisible se apoya en mis hombros, extinguiendo de mi alma todo atisbo de esperanza. Arrancando cada sueño y anhelo que haya entretejido mi mente. Pero, es precisamente en ese momento que debemos reconocer que nuestra victoria no vendrá con ejército, ni con fuerza humana. No es nuestra lucha… es la de Dios.

Quince años después de aquella carta, Dios decidió intervenir. Despertó al profeta Esdras y le envió un recado a Zorobabel: «*El momento es ahora. No es con ejército ni con fuerza, sino con mi Espíritu*».

Un nuevo tiempo había llegado, al igual que un nuevo rey. Durante todos esos años Dios había estado obrando en aparente silencio. El nuevo rey, Darío, dio la orden de que se completase la construcción. Zorobabel convocó a sus viejos camaradas para concluir la tarea. El templo quedó erigido con toda la gloria original que le había precedido. Y aquellos viejos enemigos fueron silenciados. Esta vez para siempre.

Luego de escuchar el relato de Zorobabel me atrevo a preguntarte: ¿Hasta qué punto han llegado tus fuerzas? ¿Has tenido contratiempos en tu llamado? ¿Han aparecido los enemigos externos e internos haciendo burlas de los proyectos inconclusos que yacen en el escritorio de tu corazón?

Cuando nos damos cuenta de que el desenlace de las cosas que nos atormentan no llegará por medio de nuestras fuerzas, entonces, estamos avanzando hacia la solución. Recuerda: No es tu lucha… es la de Dios.

Con esto no quiero decir que no tendremos parte en la batalla. Lo que deseo expresar es que nuestra victoria nunca será definitiva sin intervención divina. Se nos ha dado algo de empuje: El Espíritu de Jehová.

Aunque, es una realidad que sin un entrenador los jugadores pueden ganar algunos partidos fáciles, existen demasiadas trampas en el camino. Llegarán temporadas en las cuales nuestra habilidad no será suficiente.

Hoy es el día en que debemos permitirle al Espíritu Santo que dirija nuestro camino, que tome el control de nuestros problemas, y que siempre seamos capaces de decir, aún en medio de la mayor adversidad: que se haga tu voluntad, y no la mía.

En esto consiste el amor: no en que nosotros hayamos amado a Dios, sino en que él nos amó a nosotros, y envió a su hijo en propiciación por nuestros pecados.
1 Juan 4:10

*E*l niño estaba absorto ante la nieve que caía a través de la ventana, cuando la enfermera irrumpió en la pequeña habitación acompañada de una bonita caja roja, ataviada de una lazada verde. Un trozo de papel se desprendió del regalo, cayendo al helado piso de aquel orfanato. La enfermera lo levantó, y lo leyó al niño antes de revelarle el contenido de la caja. La notita decía: «*Para ti, con mucho amor*». El pequeño, al escuchar lo que decía la nota, inocentemente le preguntó: «*¿Qué es el amor?*». La enfermera, sin sorprenderse en lo más mínimo le dijo: «*¿De veras quieres saber?*» Este asintió tímidamente. Entonces ella le dio un gran abrazo, y lo mantuvo cercano a su pecho por unos segundos. Al soltarlo le dijo: «*Eso es el amor*».

¡Qué respuesta tan propicia! Al corazón le llegan estaciones al igual que a la tierra. Unas veces estamos alegres y florecidos, como una bella primavera. En otras, estamos ocupados, o concentrados en algún proyecto, como un caluroso verano. Luego nos absorbe un período de reflexión, dónde nos sumergimos en un letargo espiritual, como árboles de otoño. Pero en algunas ocasiones el frío del invierno nos arropa. Y solo el calor de un amor sincero puede restaurarnos la alegría.

La temporada del invierno se soluciona con un abrazo. Un abrazo que te recuerde que eres amado profundamente y sin reservas; que en algún lugar alguien sonríe al pensar en ti; que conoce tus gustos; tus sueños; y tu fecha de cumpleaños.

Sentirse amado es saber que somos tenidos en cuenta. Una llamada. Un detalle. O simplemente un mensaje.

El mundo ha materializado el amor. Para muchos, amar se traduce en regalos caros, vacaciones a Hawaii, un nuevo automóvil, o una boda en las Bahamas. Dios visualiza el amor diferente a nosotros. Recuerda: somos capaces de amar porque Él nos amó primero.

No hay regalo más costoso que la redención. No existe un mejor «*Te amo*» que «*Yo di mi vida por ti*».

Cuando se trata de amor, estamos en pañales delante de Dios. Su amor no es egoísta, ni posesivo como el nuestro. Dios nos ama tanto que nos dio la libre elección para aceptarlo, o rechazarlo. Cuando Él dice: «*Te Amo*», no tiene vergüenza de mostrar las heridas que ha sufrido por ese amor. Cuando Él dice: «*Te Amo*», vemos una cruz, dos brazos abiertos y miles de corazones de vuelta a casa.

Cuando Dios dice: «*Te Amo*» sus labios lo susurran a través de un nombre: Jesús.

"**Tu corazón**
es un tesoro expuesto en un
campo baldío.
Si no lo cuidas,
estará a expensas
de cualquier pasión viajera
que pretenda robártelo".

Mejores son dos que uno; porque tienen
mejor paga de su trabajo.
Porque si cayeren, el uno levantará
a su compañero;
Pero ¡ay del solo! que cuando cayere,
no habrá segundo que lo levante.
Eclesiastés 4:9-10

«*Lo importante es lo que hizo el equipo, y que nos hemos clasificado para la siguiente ronda*». Esto dijo Leo Messi —considerado uno de los mejores futbolistas de la historia— luego de haber anotado por primera vez en su carrera un Repoker o 5 goles en un partido. Cuando las cosas marchan bien es muy sencillo darle rienda suelta a nuestro ego, y olvidarnos del trabajo en equipo. A todos nos gusta ser reconocidos públicamente por nuestros logros. Ser elogiados delante de otras personas provoca un nivel de satisfacción difícil de describir.

Queremos sentirnos los héroes, ser admirados. Deseamos ver nuestro nombre allá en la cúspide, justo al lado de las estrellas. No nos sentimos cómodos tras bastidores. El escenario resulta más atractivo, con todos los reflectores depositados en nuestra persona. No obstante, cuando pensamos de esta manera, corremos el riesgo de sacrificar a nuestros compañeros solo por complacer nuestro ego.

El experto en liderazgo y autor Warren Bennis dijo: «*Los buenos lideres hacen que la gente se sienta parte esencial de las cosas, no solo un complemento*». Cuando hablamos de equipo debemos entender, que cada persona con la que te relacionas piensa, actúa y percibe la vida de forma diferente. Somos criaturas únicas. Decir esto se ha convertido en un cliché, pero no deja de ser verdad.

Existen quienes en su lugar de trabajo son amigos de todas las personas, y son muy sociales. Otros son un tanto más reservados, y mantienen un círculo de amigos más reducido. Nuestros talentos y nuestras áreas de influencia difieren una de la otra. Ahí reside nuestro valor; cuando unimos nuestras piezas, el magno engranaje de nuestro destino empieza a girar, provocando que nuestras limitaciones sean superadas por la habilidad de alguien más.

Cuando miras un reloj no te detienes a contemplar cada pieza. Simplemente admiras su capacidad de proveerte el tiempo. Sin embargo, justo debajo de esa capa de números superficial, existe un universo de múltiples piezas funcionando en sincronización con otras, de tal manera que el crédito de un trabajo bien hecho les pertenece a todas.

¿Te imaginas que en medio de una orquesta, uno de los violinistas decida saltarse algunas partituras de la pieza musical, y obviar el ritmo de sus colegas para lucirse en un solo? ¿Qué sucedería si un cirujano quisiese demostrarle a su equipo su enorme destreza médica y se lanza a realizar un trasplante de corazón sin herramientas y sin ninguna ayuda?

Dios jamás creó a tantas personas con talentos especiales para que actuaran como llaneros solitarios. John Maxwell, uno de los escritores que más ha hablado sobre liderazgo y trabajo en equipo lo pone de esta manera: «*Por más que admiremos a los triunfadores solitarios, la verdad es que nadie ha podido hacer por sí solo algo de valor. La creencia que una persona puede hacer algo grande es un mito. Incluso el Llanero solitario no fue, en realidad, un solitario. ¡Adónde iba, iba acompañado!».*

En la Biblia observamos incontables ejemplos de trabajo en equipo. Moisés envió 12 varones a explorar la tierra prometida (Deuteronomio 1: 23-24). Y también tenía un consejo con 70 ancianos (Éxodo 24:1). David cabalgaba junto a sus valientes (2 Samuel 23:8). Jesús escogió a 12 discípulos (Lucas 9:1-6). Y los mandó a predicar de dos en dos (Lucas 10:1). Relato tras relato, vemos que la obra de Dios nunca fue realizada por el esfuerzo de un solo hombre.

El afamado jugador de la NBA, Michael Jordan, dijo una vez: «*El talento gana partidos, pero el trabajo en equipo y la inteligencia ganan campeonatos*».

No todo se trata de ti. Cuentas con un tesoro, y ese tesoro es la gente a tu alrededor.

En este momento te hayas inmerso en un viaje. Si anhelas llegar lejos, debes aceptar la mano que otros te extienden, y ofrecer la tuya por igual.

Pero lo que esperan a Jehová tendrá nuevas fuerzas;
levantarán alas como las águilas; correrán y no se
cansarán;
caminarán, y no se fatigarán.
Isaías 40:31

*H*eme aquí.

Me encuentro sentado en una de las frías bancas de la sala de espera.

Tengo la espalda dormida, se nota que llevo mucho tiempo esperando. En una esquina hay un termo con café. Hace tiempo que no lo tomo. Tiene gusto a desacierto, inseguridad, y esperanzas perdidas. Las revistas frívolas sobre farándula, y los cuadros del positivismo que adornan las paredes ya no me deslumbran como antes. Puedo sentir la neutralidad con la que este sitio fue diseñado. Nadie se preocupa por lo que sientes, excepto cuando te miran como si representaras una amenaza para ellos.

Pero heme aquí. Esta es la Estación de los Sueños; y las oportunidades que busco se encuentran al otro lado de esas puertas grises de doble hoja. El piso de loza refleja una imagen nítida de las personas que cruzan a mi lado cuando son llamados desde los altavoces del techo. Contemplo sus rostros felices mientras se apresuran a cumplir el sueño de sus vidas. No tengo mucho que decirles, ni tampoco ellos a mí.

Mientras parece que a algunos se les adelantó la navidad este año, yo veo los días amontonarse en mi calendario. Han sido muchos, pero todavía conservo algo de cordura, y fe. Ambas me gritan que aguarde un poco más.

Las quejas se han suprimido. Las lágrimas han cesado. He silenciado la lógica que se sienta a mis espaldas, y repite en mi oído los argumentos que pesan en mi contra.

«Estás viejo».
«¡Otro perdedor en la sala!».
«Jamás tendrás otra oportunidad».
«Tu apellido no tiene respaldo bancario».
«Parece que tu Dios te ha olvidado».
«¿Quién te has creído?».

Palabras envenenadas. Aguas frías que tratan de ahogar mi esperanza. Pero hoy se han callado. Todas han enmudecido ante el recuerdo de una vieja promesa. Y aunque la vocecilla del corazón cuesta más trabajo en acallarse, es por él que continúo aquí. Mi corazón aguarda una respuesta que sacie su sed.

Así que mis ojos se cierran lentamente. Mis manos se aferran al invisible. Y en un gesto de locura, mis labios emiten una oración.

«Creo en Ti, y en Tu palabra.
Creo en mis sueños.
Y no existe nada en este mundo
Capaz de arrancar esos sueños de donde los plantaste».

La banca ya no se siente tan fría cuando sé que mis oraciones han cruzado al otro lado. ¿Quién sabe? Tal vez hoy podría ser el día en que suenen las campanas para mí.

Así que seguiré esperando… Y mirando hacia la puerta.

Y el gallo cantó la segunda vez. Entonces Pedro se acordó de las palabras que Jesús le había dicho: Antes que el gallo cante dos veces, me negarás tres veces. Y pensando en esto, lloraba.
Marcos 14:72

¿Cuáles sentimientos afloran en tu corazón cuando subes a una montaña rusa? Ya sea que hayas montado una, o solo el mero hecho de contemplar a otros en el vaivén de los rieles, puedes estar seguro de algo: el viaje nunca es recto ni cómodo. Estas tienen tramos que suben, fugaces e inesperados giros que parecen carecer de control, y caídas muy pronunciadas.

Justo cuando empiezas a disfrutarlo ¡Zas! La maquinaria gira sobre sí misma, haciéndote creer que estás a punto de encontrarte cara a cara con Dios. El pasajero nunca siente que lleva el mando. Algo muy similar a la vida real.

La Biblia está repleta de personajes cuyo peregrinaje espiritual se asemeja a una montaña rusa. Un ejemplo de estos altibajos lo encontramos en los evangelios, reflejados en la vida de Pedro.

Pedro, el apóstol más conocido de los evangelios, llegó a ser uno de los discípulos íntimos de nuestro Señor. Poseía empuje. Tenía, además, una dosis de valentía que eclipsaba a los otros once. Era entusiasta y decidido; lo que le metía en problemas constantemente.

Pedro tuvo asientos en primera fila para ver la transfiguración. Fue el primero en reconocer a Cristo como el Mesías. Es el único de los apóstoles que tiene en su lista de reconocimientos «*Caminar sobre el agua*». Y como si todo esto fuera poco, antes de irse a casa, Jesús pone en sus manos la naciente iglesia.

Pero, como tarde o temprano sucederá con cada uno de nosotros, el vagón que representaba la vida de Simón Pedro había comenzado un tortuoso descenso. Un descenso que inició en Getsemaní, cuando no pudo velar por una hora. Un descenso que continuó con el momento en que echó mano de su espada, y un segundo más tarde la oreja de uno de los siervos del sumo sacerdote saldría volando. Un descenso que culminó con el fatídico instante cuando escuchó el canto del gallo.

Luego de estos angustiantes sucesos, vimos un hombre destrozado por la culpa. Agobiado por la incertidumbre y los temores. Desprovisto de todo propósito por el cual vivir. Si la vida de Pedro fuese una montaña rusa, llamaríamos a este tramo: «El declive del fracaso ministerial».

¿Qué habría sido de Pedro sin ese reencuentro con Jesús en las solitarias playas de galilea? ¿Se hubiese atrevido a mirar al monte calvario de la misma forma? La historia de Pedro es fascinante, porque su viaje es el nuestro. La suya es la historia del pescador que abandonó las redes para convertirse en apóstol. El apóstol que luego de negar a su maestro volvió a ser pescador. Y el pescador arrepentido quien es restaurado de vuelta al apostolado.

El Maestro quería que él entendiese que todavía le amaba. Con una voz amorosa y fraternal le dijo: *«Olvidemos lo que pasó el viernes en la madrugada. Echemos a andar este tren de nuevo. Tengo un trabajo para ti».*

Después de este encuentro conocimos un nuevo Pedro. Aquel que en su primer sermón ganó tres mil almas; uno que se irguió rápidamente como el líder del cristianismo. Un hombre que solo con su sombra los enfermos eran sanados. Esto sucedió después de haberse percatado de que el amor de Dios hacia él estaba intacto.

Al igual que Pedro, tenemos nuestros momentos de altibajos. Situaciones que provocan una distancia entre Dios y nosotros. Dificultades que borran de nuestra mente toda posibilidad de perdón. Cuando nuestro pequeño vagón desciende de la Gracia, creemos que Dios nos ha desechado. ¡Cuán grande es la culpa que sentimos! El escritor Charles Swindoll dijo: «*Cuando Dios escudriña la tierra en busca de líderes potenciales, no busca ángeles de carne*».

Si algo debemos aprender de las montañas rusas es que la vida es un riel, por el cual nosotros como vagones debemos transitar. Y sin importar las colinas que tengamos delante, sin prestar interés a qué tan atemorizantes y sombrías parezcan las curvas, debemos mantener el rumbo, sin desviarnos.

Nuestro propósito se irá cumpliendo a medida que avancemos. Porque sin importar cuán difícil sea el viaje, tarde o temprano cada tren llega a su destino, y a la meta que su Creador para él tenía diseñado.

Enjugará Dios toda lágrima de los ojos de ellos;
y ya no habrá muerte, ni habrá más llanto,
ni clamor, ni dolor;
porque las primeras cosas pasaron.
Apocalipsis 21:4

*N*avegando en la red hace unos días me encontré con una imagen que me conmovió profundamente. Son escenas que logran sacudir los cimientos de nuestras emociones, y nos arrancan lágrimas, no importa que tan profundas se encuentren. La imagen era de un funeral; el funeral de un niño sirio. El ataúd ya estaba localizado en el hueco que sería su morada final, y no debía medir más de un metro. Lo que me impactó de la imagen no fue la tristeza que embarga la pérdida de un niño; sino lo que el padre había hecho.

El padre se había metido en el hueco, recostándose junto al ataúd. Tan destrozado como solo los que han perdido un hijo pueden estarlo, él abrazaba el improvisado sarcófago, resistiéndose a que los excavadores completasen el trabajo. Los hombres con sus palas, aguardaban en solemne silencio alrededor del montón de tierra recién excavada.

Por alguna razón la imagen se quedó conmigo. La recordaba aún días después, e intentaba armar el rompecabezas detrás de la fotografía. ¿Una larga enfermedad? Tal vez. ¿Terrorismo? Muy probable. ¿Balas perdidas? ¿Descuido paterno? Planteé todos los escenarios posibles. No existe explicación que pueda deshacer el dolor de la pérdida de un ser querido.

La muerte transforma nuestra manera de ver la vida. El famoso presidente norteamericano John F. Kennedy perdió una hija al nacer, mientras él se encontraba de viaje. Esto dijo en una entrevista algún tiempo después: «*Hubiese querido estar ahí… era ese momento cuando más me necesitaron*». Todos nos hemos sentido identificados con estas palabras. Las cosas que más amamos no durarán para siempre. Nuestros amigos, vecinos, cónyuges, hijos, y toda la gente que nos importan, tienen su hora de decir adiós.

¿Ve ese jardín que tanto se ha esmerado en fertilizar y cuidar? Solo espere y verá. El invierno le pasa factura a las demás estaciones. Las flores que decoran su alfeizar no resistirán la embestida del tiempo. Y cuando llega el triste momento de la separación, usted se siente destrozado.

Incluso puede volver esa ira en contra de Dios. En el umbral de la muerte nos replanteamos las razones por las que seguimos viviendo. Max Lucado lo dice de esta manera: «*El sepulcro descubre la visión que tenemos de Dios*».

El apóstol Juan tenía un Master en pérdidas. Siendo el discípulo amado, le tocó ver partir al cielo a su Maestro. Vio la sepultura de María y de todos los demás. Viejo, rechazado, abandonado en un islote llamado Patmos, y ya listo para morir, recibió la visión del Apocalipsis. A él le fue concedida la dicha de ver el trono y todo lo que nos aguarda más allá de la vida. Vio la ciudad «La Nueva Jerusalén» y a todos los santos renovados y felices. Disfrutando de una paz que nunca podrá subsistir en este mundo. Caminó por la sala del trono. Admiró las eternas edificaciones que el Padre ha preparado para aquellos que le aman.

Y contempló la hierba mecerse. Las flores que crecen en las tierras imperecederas. En la película *Gladiador* encontramos una pequeña ilustración sobre esto. Maximus, el héroe de la historia, finalmente ha vencido al malvado Cómodo en la arena del coliseo. Fue una feroz batalla en la cual el ex general pudo mantenerse en pie hasta erguirse con el triunfo. Pero la victoria tiene un sabor agridulce. Pues, como sabrá, Cómodo aprovechó su posición de ventaja, y le enterró una daga en el costado momentos antes de iniciar el combate. Allí, mientras el silencio se cierne sobre el coliseo, Maximus tiene una visión fugaz de las tierras celestes. Cruza los muros sempiternos del paraíso, y camina por un campo dorado, más radiante que mil primaveras. Y de repente los puede ver. A ellos. Su familia, que había sido sentenciada a muerte por Cómodo. Lentamente avanza a su encuentro por un lugar donde el trigo crecía muy alto. La escena es tan conmovedora que nos hace saltar lágrimas desde nuestro sillón.

¿Sabe usted cuál es la mejor parte de la historia? Que para nosotros es real. Más allá de los efectos del cine, el Padre celestial ha preparado un encuentro con nuestros seres queridos. No en un frio camposanto; sino en una cálida sala de recibimiento. No rodeados de lápidas grises y manchadas de lluvia; sino en una pradera resplandeciente, y henchida de verdor.

Usted se los volverá a encontrar. Ya no tendrán la misma apariencia que recuerda. Ellos habrán sido glorificados. No quedará ningún rastro de enfermedad ni vejez. Sus rostros refulgirán como astros en el firmamento. Y usted correrá hacia ellos. Hasta que ese día llegue, aférrese a las promesas que Dios ofrece, y déjelos ir. Llore hasta que su depósito quede vacío, pero déjelos ir. Entonces levántese y ponga su dolor en las manos de aquel que enjugará toda lágrima.

John Eldredge habla acerca de las pérdidas en su libro Camine con Dios: «*Nuestras pérdidas no son permanentes¬. No cuando están en las manos de Dios*».

Cuando el otoño apunte su dedo frio contra su jardín, no se deprima, trasládese con los ojos de su alma a aquel lugar, y perciba el aroma dulzón de la pradera. Piérdase entre las lilas; inhale el perfume de las rosas; recuéstese por un momento junto a los lirios; deje que la fragancia del cielo invada su alma. Disfrútelo.

Y luego recuerde que un día no muy lejano usted morará allí, en aquel lugar eterno donde las flores nunca mueren.

"*Acércate a su presencia...*
y El Padre
te concederá las delicias
que hay en su mesa".

Cuando pases por las aguas, yo estaré contigo;
y si por los ríos, no te anegarán.
Cuando pases por el fuego,
no te quemarás, ni la llama arderá en ti.
Isaías 43:2

Siempre me he imaginado cómo los discípulos enfrentaban sus tormentas una vez que Jesús hubo ascendido al cielo. Claro, a no ser que abandonaran el mar por completo, lo cual me parece poco probable debido a que la navegación formaba parte de sus vidas cotidianas. Los viejos pescadores amaban el mar abierto. Debieron sentir una pizca de nostalgia cuando pasaban cerca de la playa y veían un grupo nuevo de pescadores echando mano de su antiguo negocio.

Imagínate ese encuentro entre viejos camaradas. Hombres hediondos a pescado platicando sobre el viento, o la temporada de pesca. Recuerdos mezclados con el olor salado de las redes siendo lavadas, los sacos de pescados listos para venderse, y los barcos anclados en la costa.

A pesar de haber cambiado de oficio debido al ministerio, siempre he tenido la fantasía recurrente de verlos de vuelta sobre las olas, y su reacción ante una tormenta, siendo que ya no tenían al Maestro para socorrerles.

¿Se habrían puesto nerviosos como al principio? ¿Le darían órdenes al viento para ver si les obedecía? ¿Sucumbirían ante el pánico, o actuarían en completa seguridad de que el mismo que hizo enmudecer tormentas una vez lo haría de nuevo? Nunca lo sabremos.

Al igual que un buen narrador, Dios no quiso incluir en la Biblia muchas escenas de nuestros personajes favoritos. Lo cual nos motiva a rellenar espacios. Así que imaginemos por un momento que los apóstoles deciden irse de pesca el fin de semana, y poder descansar un momento de las reuniones y los congresos de la naciente iglesia. Todo marcha bien hasta que pronto le sale al encuentro un temible chaparrón veraniego. Otras tripulaciones tendrían los nervios a flor de piel. Otros pescadores estarían comiéndose las uñas, pero no estos hombres.

Estos marineros contaban con una ventaja: ellos ya habían visto a ese viento rugir y aquietarse bajo el poderoso mandato de Jesús. Como sabrás, antes de irse, Jesús le había dado a probar de su misma copa. El Mesías le había otorgado de ese mismo poder. Ellos ya tenían la investidura del Espíritu Santo en el aposento alto ¿Recuerdas?

Ya no eran los discípulos aterrorizados que gritaban: «¿Maestro, no ves que perecemos?» No. Estos hombres se hubiesen metido de lleno en la pelea. Habrían tomado ese poder y lo habrían utilizado para reprender al viento. Y cuando alzaran su voz hacia el huracán… éste de seguro reconocería esa autoridad de alguna parte, y como una buena mascota se echaría a dormir, o simplemente se hubiese mudado a otro mar.

¡Qué fácil afrontamos nuestras crisis cuando sabemos usar lo que tenemos! Al poner un pie fuera de tu cama esta mañana, sentiste los desafíos que se asomaron junto con el sol. Tienes expectativas mezcladas con incertidumbre, pues no sabes lo que te deparará este amanecer. Y mientras te embarcas en esta nueva aventura, descubres un horizonte ensombrecido, con olas que repentinamente asaltan tu barca. Es ahí cuando necesitas tomar una decisión.

Puedes caer bajo el peso del desaliento, o moverte en fe. Puedes convertirte en una víctima del temor, o depositar tu confianza en tu capitán. Por si no lo habías notado, no estás solo en el mar de la vida. Si abres los ojos, verás que el huracán retrocede ante la presencia de otra persona en tu barca. Alguien más ha tomado el timón. Tu nave ha empezado a nivelarse. Los zigzagueos se ausentan.

Deja que tu corazón reciba estas palabras. Permite que las mismas fluyan en tu interior hasta que tu alma rebose de confianza:
No estás solo.

Jesús dijo a sus discípulos que se iba, pero que su Espíritu estaría con ellos para siempre. Nosotros también alcanzamos de esa promesa. La ausencia de dificultades no es lo que provoca la diferencia entre nosotros y los demás, sino quién está a nuestro lado.

*Mis huidas tú has contado; Pon mis
lágrimas en tu redoma;
¿No están ellas en tu libro?*
Salmos 56:8

*D*ios lleva un récord de tus lágrimas. ¿Notas la cara de incredulidad que pusiste al leer esa línea? Admitámoslo. Esa es una de las afirmaciones que más nos resistimos a creer. No tenemos problema en aceptar que Él conoce cada uno de nuestros pensamientos. Sabemos que nuestros detalles más íntimos no le son indiferentes, y que nuestro mañana, por absurdo que parezca, Él ya lo conoce de antemano. Aun así, muy pocos están dispuestos a creer que Dios se interese por sus lágrimas.

Las lágrimas cargan el mensaje que las palabras no pueden transmitir. Nuestro cuerpo está diseñado de una forma tan maravillosa, que resulta imposible sentir dolor interno sin que se abra la fuente de nuestros ojos. Podemos reprimir el llanto, pero no por mucho tiempo.

Lloramos frente al dolor físico.

Lloramos cuando recibimos el diagnóstico médico.

Lloramos cuando discutimos con nuestro cónyuge.

Lloramos cuando entregamos a nuestra hija en el altar.

El poeta George Herbert se lamentó una vez: «*Lloré cuando nací, y cada día me muestra por qué*». Estamos acostumbrados a llorar en privado, para, de este modo, esconder nuestra vergüenza del mundo. Cuando lloramos, nuestra primera tendencia es ocultarnos. No queremos que nadie nos vea. Pero Dios nos ve. Nuestras lágrimas son preciosas a sus ojos. Él las conoce, y las valora por encima de cualquier otra cosa. Especialmente si son lágrimas de arrepentimiento.

El escritor Joseph Bayly escribió una vez: *«Te lloro lágrimas, a ti Señor, lágrimas porque no puedo hablar. Las palabras se pierden entre mis miedos, mi dolor, mis tristezas y mis pérdidas. Todo esto duele, pero mis lágrimas tú entiendes, y mi oración sin palabras escuchas. Señor, limpia mis lágrimas, todas ellas. No en un día lejano, pero aquí, ahora».*

He aquí alguien que entiende cuál es su posición delante del trono. El autor ni siquiera se molesta en explicar lo que le sucede; simplemente se declara en bancarrota espiritual. Podrás tener éxito en esconder tus lágrimas de la gente, pero jamás lograrás ocultarlas de tu Creador. Así que ¿por qué no te desahogas con quien puede restaurarte?

Toma dos tazas de chocolate, e invita al Padre celestial a una charla en el porche delantero. Ábrele tu corazón, y compártele tus penas abiertamente. Llora todo cuanto quieras, pero permite que el extravagante coleccionista recoja tus lágrimas, y las ponga en su redoma. Pronto llegará el día en que te encontrarás listo para ver tu propia vitrina en el cielo. Solo imagínate… millares de lágrimas cristalizadas, refulgiendo como gotas de diamantes. Llegado ese momento, finalmente comprenderás cuál era el propósito de tu sufrimiento.

Sólo que cuando llegue ese día, tus ojos estarán secos. En tu alma no habrá rastros de dolor, culpa ni frustración. Todo eso quedará en el pasado.

Tu historia, por triste que haya sido, habrá tenido un punto final. Y tus ojos no volverán a derramar otra lágrima.
Nunca más.

9 789994 509155 7